Mauritius Wilde
Petrus und Paulus

Mauritius Wilde

Petrus und Paulus
Wer in Gruppen
entscheidet

Die Unternehmer-Verwalter-Typologie

Vier-Türme-Verlag

1. Auflage 2003
© Vier-Türme GmbH, Verlag, Münsterschwarzach 2003
Umschlaggestaltung: Roland Eschlbeck, München
Umschlagbild: Chris Harding (Stock 4B, München)
Satz: Vier-Türme GmbH, Benedict Press, Münsterschwarzach
Druck und Bindung: Friedrich Pustet, Regensburg
ISBN 3-87868-284-0

Inhalt

Einleitung

Die Lethargie, die sich seit längerem über unser Land gelegt hat, hat sicher viele Ursachen. Man fragt sich, woran die Reformen auf dem Arbeitsmarkt, im Gesundheitssystem und den vielen anderen Bereichen des öffentlichen Lebens, in denen Veränderungen anstehen, eigentlich scheitern. Man fragt sich, auf welcher Ebene darüber entschieden wird oder überhaupt entschieden werden kann. Und man ballt innerlich die Hände, wenn man an die Menschen denkt, die unter dem Stillstand leiden und in Zukunft leiden werden.

Ein Grundkonflikt jedoch tritt bei aller Komplexität der Ursachen für diese Misere immer wieder zu Tage: der Konflikt zwischen ›Verwaltern‹ und ›Unternehmern‹. Vielleicht wissen Sie gleich, welche Typen ich meine: Die Verwalter sind die, derentwegen sich nichts bewegt – und die Unternehmer sind die, die ohne Rücksicht auf Nachhaltigkeit nie genug bekommen können. Aus unternehmerischer Perspektive sollten die Verwaltungen so schlank wie möglich sein. Unternehmen fusionieren, um im Verwaltungsbereich einzusparen, Behörden sollen zu Dienstleistungsagenturen umgewandelt

und Lehrer und Ärzte sollten nach Leistung bezahlt werden.
Aus der Perspektive der Verwaltungen wiederum zerstören
die nicht endenden Umstrukturierungen jedes Arbeitsklima
und verunsichern die einzelnen Mitarbeiter. Das Vertrauen
und die Loyalität gegenüber den Vorgesetzten und dem ganzen
Betrieb gehen verloren. So schwindet aber genau die Leistungs-
fähigkeit, die von den Unternehmern dann wieder druckvoll
eingefordert wird.

Es gibt kaum eine Gruppe, in der nicht beide Typen vorkommen. In Unternehmen gibt es nicht nur Unternehmer
und in Behörden nicht nur Verwalter. Selbst im Schützenver-
ein kommen beide Typen vor, wie mir ein Vorstand glaub-
haft versicherte, und auch in Familien verteilen sich die Rollen in ähnlicher Weise.

Braucht es vielleicht in jeder Gruppe beide Typen? Wenn
ja: in welchem Verhältnis? Und wer soll das Sagen haben,
und zu welcher Zeit? Und wie können sie in Frieden miteinander leben? Müssen sie überhaupt immer in Frieden miteinander leben? Können sie sich wenigstens verstehen lernen?
Welcher Typ bin ich selbst? Und was für ein Typ ist es, der
mich besonders nervt?

Das Thema vom Unternehmer und vom Verwalter ist gar
nicht neu. Bereits in der Bibel begegnet man an prominenter
Stelle einem Verwalter und einem Unternehmer. Ich meine
das ›Führungsduo‹ der jungen Kirche: Petrus und Paulus. Man
mag zur Kirche stehen wie man will – erfolgreich ist sie gewesen: Bereits in den ersten Jahrzehnten ihres Daseins hat sie
sich in rasendem Tempo fast über das gesamte Römische Reich
ausgebreitet. Das ist um so erstaunlicher, als es zur gleichen

Zeit durchaus viele gesellschaftliche und religiöse Konkurrenzbewegungen gab und die ersten Christinnen und Christen bis aufs Blut verfolgt wurden. Petrus und Paulus waren maßgeblich an dieser Erfolgsgeschichte beteiligt. Sie waren es natürlich nicht allein, andere, zum Beispiel Jakobus, traten aber später in den Hintergrund. Aber auch wenn Petrus und Paulus sich in ihrem Leben kaum fünf Mal gesehen haben und dabei noch heftig ins Streiten gerieten, sind doch ihre Namen so untrennbar mit dem gelingenden Geschick der jungen Kirche verbunden, daß man sie später – wenn sie das gewußt hätten! – an einem einzigen Tag, dem 29. Juni, zu feiern pflegte und ihnen den Titel ›Apostelfürsten‹ beilegte. Sie können auch für heutige Unternehmerinnen und Unternehmer und heutige Verwalter und Verwalterinnen von Interesse sein und für alle Menschen, die in Gruppen entscheiden oder denen einfach am Gelingen ihrer Gruppen gelegen ist.

1. Der Konflikt zwischen Verwaltern und Unternehmern

Der Konflikt zwischen Verwaltern und Unternehmern tritt nicht immer offen zu Tage. Er lebt vor allem in den Vorurteilen, die man voneinander hat. Und er gedeiht, wenn man unter Seinesgleichen ist und über die andere Seite mal richtig vom Leder zieht, was ja auch wirklich Luft schafft.

Worüber hat die Unternehmerseite zu klagen? Wie sind für sie die ›Verwalter‹ – im schlechtesten Falle?

Verwalter sind bornierte Erbsenzähler. Was nicht auf einem Formular steht, bekommen sie auch nicht in ihr Hirn. Sie leben nach dem Motto »Hoch lebe der Vorgang« – und wovon es keinen Vorgang gibt, das existiert für sie nicht. Wenn etwas nicht ins Formular paßt, wird es passend gemacht.

Allerdings ist es keineswegs besser, wenn sie die Formulare der Wirklichkeit anpassen, das führt nämlich zu immer mehr Formularen. Die Wirklichkeit ist immer komplexer. Eh' man sich versieht, blasen sich Verwaltungen solange auf, bis sie wieder auf ein vernünftiges Maß zurechtgestutzt werden. Das ist dann die undankbare Aufgabe der Unternehmer.

Die Tätigkeit der Verwalter ist ›Dienstleistung‹, davon aber haben sie in der Servicewüste Deutschland noch nichts bemerkt. Bei ihnen fehlt entweder der Dienst oder die Leistung oder beides.

Ohnehin sind Verwalter nicht beweglich. Alles Neue macht ihnen Angst, oder sie sind zu faul dazu, sich einzuarbeiten. Deshalb blockieren sie jede Neuerung. Verwalter wollen, daß alles so bleibt, wie es ist. Mit Ausnahme ihres Geldbeutels, dessen Dicke stetig zunehmen sollte. Was sie dabei vergessen, ist, daß diese Dicke auch von der Leistung ihrer Arbeit abhängt und von der Leistung des gesamten Betriebes.

Wehe, wenn man versucht, unternehmerische Impulse in eine unvorbereitete Verwaltung zu geben. Auch wenn sie für alle auf Dauer von Vorteil wären, sie verpuffen, sie verdunsten, sie versanden langsam aber sicher im Räderwerk der Bürokratie, bis von ihnen nichts mehr übrig geblieben ist.

Wenn sich Verwalter zusammenschließen und »gemeinsam weinen«, haben sie eine unglaubliche Macht. Wenn sie sich nicht mit offenem Protest durchsetzen können, so boykottieren sie still, was unter Umständen eine noch heftigere Wirkung hat. Sie reduzieren ihr Engagement noch unter den Level von »Dienst nach Vorschrift« – im schlechtesten Fall betreiben sie Sabotage oder klauen.

Aus der Perspektive der Verwalter sieht die Sache natürlich ganz anders aus. Für sie sind die ›Unternehmer‹ die ›Bösen‹.

Unternehmer sind nur auf ihren Profit aus. Sie geben davon aber nichts oder nur einen Bruchteil wieder an die zurück, die diesen Profit erwirtschaftet haben. Sie folgen der Ideologie vom ewigen Wachstum, ohne zu merken, daß das völlig widernatürlich ist, weil in der Natur nichts immer nur wächst.

Unternehmer sind ›Luftikusse‹ und verantwortungslos. Sie übernehmen keine Haftung für das, was sie tun. Wenn ein Unternehmen – oft durch ihr Versagen – gescheitert ist, sind sie die ersten, die von Bord gehen. Natürlich haben sie dann nicht vergessen, rechtzeitig für die eigene, nicht zu geringe

Abfindung zu sorgen. Das Wirtschaftssystem fördert diese Entwicklung, so daß es immer weniger Personen- und immer mehr Aktiengesellschaften gibt. Firmen werden anonym gemanagt, das persönliche Verantwortungsgefühl bleibt auf der Strecke. Überhaupt ist für den Unternehmer der Mitarbeiter nur eine Nummer, völlig austauschbar. Er muß funktionieren, das ist in seinen Augen die einzige Daseinsberechtigung. Gewachsene Beziehungen und Strukturen spielen dabei keine Rolle.

›Kontinuität‹ ist für den Unternehmer ein Fremdwort. Er überfällt die Mitarbeiter mit ›Schnellschüssen‹, die im Endeffekt nichts einbringen. Unternehmer sind süchtig nach Neuem.

Wenn Unternehmer klagen, kann man ihnen das nicht glauben. Es gehört bei ihnen zur Geschäftsstrategie. In Zeiten, in denen höhere Tarifabschlüsse noch möglich gewesen wären, haben sie den Mitarbeiterinnen und Mitarbeitern Angst gemacht – trotz geringer Lohnerhöhungen wurden aber keine neuen Arbeitsplätze geschaffen. Unternehmer können alles herbeireden, was sie wollen. Irgendwie kann man sich nicht gegen sie wehren. Sogar die Politiker können sich nicht gegen sie durchsetzen.

Vielleicht finden Sie die Vorurteile zu übertrieben wiedergegeben. Vielleicht aber auch noch nicht übertrieben genug. Es kann schon sein, daß die Wirklichkeit noch subtiler ist. Ihnen werden Ihre eigenen Erfahrungen einfallen. Es ist ein Fortschritt, diese vor sich selbst zuzugeben. Denn oft ist man zwischen Verwaltern und Unternehmern zwar ›anständig‹, aber unter dem Tisch brodelt es. Die Spannungen, die Sprach- und Verständnislosigkeit werden kaschiert als ein fauler Friede. Von Petrus und Paulus kann man lernen, daß es sich lohnt, die Spannungen offen auszusprechen.

Warum Unternehmer verantwortungslos sind und Verwalter phantasielos, wird in der Typologie einsichtig, die in diesem Buch erstmals vorgestellt wird. Warum sie es sein müssen, könnte verständlicher werden. Denn erst wenn man ihnen und sich selbst erlaubt, so zu sein, kann damit begonnen werden, sich aufeinander zu zu bewegen. Erst dann kann man die gegenteiligen Qualitäten in sich aufnehmen. Auch Männer lernen ja mit der Zeit zuzuhören und Frauen einzuparken.

2. Wer in Gruppen entscheidet

Gerade wenn Sie eine Leitungsaufgabe haben, egal ob in einer Behörde oder in einem Betrieb, werden Sie sich schon die Frage gestellt haben: Wer entscheidet hier eigentlich? Außer in einer gruppendynamischen Selbsterfahrungsgruppe ist das normalerweise zwar festgelegt. Festgelegt ist, wer der Chef ist und wie die Gruppe an den Entscheidungen partizipiert oder sie sogar initiiert. Aber ist es in Wirklichkeit so? Da gibt es die ›grauen Eminenzen‹, ohne die überhaupt nichts entschieden wird. Da gibt es die ›Strukturschweine‹, die sich an keinen offiziellen Weg halten, weil sie die richtigen Beziehungen haben. Manchmal kann man als Leitung nur noch »abnikken«, was längst entschieden ist, ganz zu schweigen von den äußeren Faktoren, die auf die Gruppe einwirken und die man gar nicht beeinflussen kann.

Leitung ist heutzutage und wohl schon immer eine schwierige Aufgabe, ob man sie nun als Verwalter oder als Unternehmer wahrzunehmen hat. Daher boomt Literatur zu Führungstechniken, darum gibt man viel Geld aus für Moderationstrainings und verbringt Stunden und Tage mit zielorientierter Planung und Leitbildentwicklungen. Man nimmt Supervision und empfiehlt sie anderen (vor allem denen, mit denen man selbst nicht zurechtkommt). Und wenn das alles zu einem Ergebnis gekommen ist, dann braucht es jemanden, der die Entscheidungen auch umsetzt ...

Einen anderen Weg geht dieses Buch. Es knüpft dabei an den erfolgreichen Titel des Benediktinerpaters Anselm Grün an, der in »Menschen führen – Leben wecken« erstmalig nicht

Führungstechniken beschreibt, sondern die innere Haltung, die der Führende haben muß, damit er überhaupt Menschen führen kann. Mit der Lebenserfahrung, die in der Regel des Mönchsvaters Benedikt von Nursia steckt, richtet er den Blick auf den Führenden selbst, auf den Menschen und seine Persönlichkeit. Ähnlich setzt auch dieses Buch an. Es vermittelt keine Technik, sondern schärft die Wahrnehmung. Wer bin ich eigentlich, der eine Gruppe leitet? Und wie sind die, die ich zu leiten habe? Denn die Gruppe wird nur gedeihen und ihr Ziel erreichen, wenn sie aus Persönlichkeiten besteht, und wenn ich als Leitender meine eigene und die Persönlichkeit der anderen respektiere. Doch welch unterschiedliche Typen gibt es da unter der Sonne!

Autorität gründet auf drei Säulen: Der formalen, der sachlichen und der persönlichen Autorität. Die *formale* ist die, die jemand formell von der Gruppe bzw. einem Verantwortlichen als Kompetenz zugesprochen bekommt. Sie besteht sozusagen im Titel. Die *sachliche* Autorität gründet auf dem tatsächlichen Wissen und der Sachkompetenz für den entsprechenden Bereich. Die *persönliche* Autorität kommt vom Menschen selbst her, seiner Persönlichkeit, seiner Ausstrahlung, seinem ›Sein‹; darin eingeschlossen ist sein Verhalten zu anderen, was man soziale Kompetenz nennt.

Ideal ist, wenn alle drei Formen zusammentreffen. Fehlt eine Komponente, dann kann die Gruppe das ersetzen, fehlen zwei, entsteht ein Problem, das auf Dauer einer Lösung bedarf. Jemand hat in einer Gruppe zum Beispiel Autorität, weil er dazu formell ermächtigt ist. Er hat zwar kein großes Sachwissen, aber als Persönlichkeit wirft er so viel in die Waagschale, daß ihm seine Mitarbeiter die fehlende Sachkompetenz gerne ergänzen. Ist er allerdings als Persönlichkeit nicht integer, dann belastet das langfristig die Gruppe, und Führung ist nicht mehr möglich.

Die Unternehmer-Verwalter-Typologie konzentriert sich auf den Bereich der persönlichen Autorität. Diese ist am schwersten zu fassen und auch am schwersten zu entwickeln. Die Typologie betrachtet die Persönlichkeit in ihrer Interaktion innerhalb der Gruppe. Welche persönliche Disposition bringt welche Rolle in der Gruppe hervor? Welche persönlichen Eigenschaften bei sich selbst und in einer Gruppe muß man kennen, damit man kompetent entscheiden kann? Wie kann ich offen und angstfrei meinen Charakter erkennen? Welche Konsequenzen muß ich daraus in meinem Gruppenverhalten ziehen? Wie beeinflußt das meine Entscheidungen?

Gerade für diese Fragestellungen eignen sich Petrus und Paulus als Modell. In den ersten 30 bis 40 Jahren der jungen Kirche, in denen sie lebten, hatte sich noch keine einheitliche, formalrechtliche Struktur herausgebildet. Es gab zum Beispiel noch keinen Papst. Weder Petrus noch Paulus könnte man als ›Chef‹ der damaligen Kirche bezeichnen. Außerdem tritt auch der Faktor ›Sachautorität‹ für Petrus und Paulus und die ersten Christen in den Hintergrund. Denn im Blick auf den ›Verbandszweck‹, die Nachfolge Christi, besaß jeder und jede der Gemeindeglieder durch die Taufe dieselbe ›Sachautorität‹. Besonders deutlich also konnte die Persönlichkeit, konnten die Charaktere und Typen zum Vorschein kommen.

3. Wie diese Typologie funktioniert

Typologien sind die Verdichtung menschlicher Erfahrungen. Jede von ihnen betrachtet den Menschen unter einem bestimmten Aspekt. Der Klassiker »Die Grundformen der Angst« des Psychotherapeuten Fritz Riemann zum Beispiel beschreibt, in welcher Art Menschen grundsätzlich mit Angst umgehen. Wer sich hier einmal ertappt bzw. gefunden hat, hat echte Lebenshilfe an der Hand, ohne daß er von da an sein Leben nur noch unter dem Aspekt der Angst betrachten müßte. In den letzten Jahren immer populärer wurde eine Typologie, die ursprünglich aus dem Kreis der Sufi-Mystik stammt: das Enneagramm. Helen Palmer und der Franziskaner Richard Rohr haben es bekannt gemacht. Die »neun Gesichter der Seele« haben schon vielen Menschen geholfen, sich selbst und andere besser zu verstehen. Schließlich ist die Astrologie mit ihren zwölf Typen eine populäre Typologie, die allerdings auf sehr unterschiedlichem Niveau behandelt wird. Sie sieht die Persönlichkeit im Bezug auf die Konstellation der Sterne ausgeprägt.

So unterschiedlich die Typologien sind, so ist allen gemeinsam, daß sie dem Menschen einen Spiegel vorhalten. Sie bieten ihm ein Raster an, das zwar auf bestimmte Aspekte reduziert ist, ihm aber ins Bewußtsein hebt, worauf er sonst nie gekommen wäre. Und wenn die Typologie gut ist, zeigt sie auch den Weg auf, wie man sich weiterentwickeln kann.

Die Gefahr von Typologien besteht darin, daß man auf einmal alles nur noch mit dieser Brille anschaut. Wer einen Kurs zum Enneagramm gemacht hat, läuft gern längere Zeit mit dem Zeigefinger herum: »Das ist ein Einser, das ist ein Sechser und so weiter.« Man ordnet alle in eine Schublade ein und läßt sie da zunächst nicht wieder heraus. Anfangs kann man das nicht vermeiden, weil man ja mit diesen Bildern Erfahrungen machen muß. Es macht einfach Spaß, an sich und anderen Kennzeichen eines Typs zu entdecken. Bedenklich wird es nur, wenn man auf die Dauer nicht bemerkt, daß man die Welt auch noch unter anderen Aspekten betrachten kann.

In diesem Sinn versteht sich die Typologie vom ›Verwalter und Unternehmer‹, die ich bislang noch nirgendwo expliziert gefunden habe. Auf ihrer Skala befinden sich nur zwei Typen. Sie zeigt sozusagen lediglich die Pole auf, zwischen denen sich Charaktere bewegen. Der eine hat vielleicht viel ›unternehmerisches Blut‹ in den Adern und überhaupt nichts ›Verwalterisches‹ in sich, der andere sieht beide Seiten stark ausgeprägt. Auch hier sollte man also nicht zu früh urteilen, weder über sich selbst noch über andere. Der Vorteil der zweipoligen Typologie liegt in der Provokation, die mich besonders energisch zur Entscheidung der Frage bringen will: »Wie bin ich eigentlich?«

In Teil III des Buches finden Sie die Eigenschaften der Typen in einem tabellarischen Überblick, so daß Sie sich im einzelnen prüfen können: »Wie gehe ich mit der Angst um? Was ist mein ›Grundwort‹? Wie ist meine Beziehungsfähigkeit?« und so weiter. Also: Alles ist möglich zwischen den Polen, es gibt natürlich Mischformen!

Der Aspekt, unter dem die »Unternehmer-Verwalter-Typologie« die Persönlichkeiten zeigt, ist ihre Einordnung in die

Gruppe bzw. Gemeinschaft. Somit ist sie eine soziologisch und gruppendynamisch-systemisch orientierte Typologie. Sie macht deutlich, wie ein einzelner in und zu einer Gruppe steht, wie er sich darin zeigt und agiert. Sie hilft, daß ich meinen Platz in der Gruppe finde. Bin ich zum Beispiel eher ein Unternehmertyp, werde ich immer unzufrieden sein, wenn meine Stellenbeschreibung die Gewinnung von Neuland nicht zuläßt.

Wenn ich in einer Gruppe für Menschen verantwortlich bin, hilft die Unternehmer-Verwalter-Typologie, die Menschen besser wahrzunehmen. Wenn mir einmal aufgegangen ist, daß ich von einem eher ›verwalterisch‹ veranlagten Menschen keine grundlegenden Neuerungen erwarten kann, dann werde ich an ihn diese Anforderungen nicht mehr stellen, oder nicht mehr in der gleichen Weise, sondern ihn sich dort entfalten lassen, wo er seine wahren Qualitäten hat.

Die Unternehmer-Verwalter-Typologie schreibt niemandem einen festen Platz zu. Aber sie hilft jedem, seinen Platz in Selbstverantwortung besser zu bestimmen und zu finden. Der Weg dorthin führt nicht über Technik, sondern über Selbsterkenntnis. Am besten wäre es, wenn Sie sich im Lauf der Lektüre dieses Buches einmal ertappt fühlen, wenn Sie schmunzeln oder laut auflachen, einen Schreck bekommen oder in Ihnen eine Frage entsteht, wenn Verständnis für andere geweckt wird – kurz: wenn Bewegung in Ihr Leben kommt und mehr Zufriedenheit mit sich selbst und den anderen.

Die Typologie ist auch für die Gruppen hilfreich, in denen Sie sich befinden. Nicht daß Sie die Menschen ändern könnten! Aber Sie können für sich selbst klarer sehen, und Sie können Ihre Sicht der Gruppe in der Gruppe klarer vertreten. Gerade wenn die verschiedenen Typen im Konflikt sind: Spannungen und Meinungsverschiedenheiten können aufgedeckt werden und auf den Tisch kommen. Verständnis und Respekt voreinander können wieder wachsen. Die Energie der Gruppe kommt wieder ins Fließen, die Gruppe wird lebendiger, gesünder und effektiver. Besonders für Leitende ist das eine sehr befriedigende Erfahrung.

Ein kleines Beispiel soll illustrieren, wie die Unternehmer-Verwalter-Sicht im täglichen Zusammenleben hilft. In meinem Kloster habe ich einmal folgendes erlebt: Da gibt es ein Nachtgebet, das jeweils ein Mönch für alle vorliest. Es hat den Wortlaut: »Herr Jesus Christus, erneuere uns durch die Ruhe der Nacht und mache uns morgen eifriger in Deinem Dienst.« Eines Tages entbrannte unter den Mönchen ein Streit über diese Formulierung. Warum sollte man am folgenden Tag eifriger sein in Gottes Dienst als am vergangenen? Hieß das nicht, daß das zurückliegende Tageswerk ungenügend war? Warum sollte man sich kurz vor dem Bettgehen diesen moralischen Zeigefinger vorhalten lassen? Kurzerhand formulierten einige von den Mönchen um: »Mach uns morgen wieder eifrig in Deinem Dienst!« Die Intensität der Auseinandersetzung, in der es doch ›nur‹ um eine Formulierung ging, zeigte mir, daß sich Menschen hier in ihrem Grundkonzept berührt bzw. mißverstanden fühlten. Als Lösung kam mir eines Tages: Hier hatten ›Verwalter‹ Einspruch erhoben. Sie fühlten die Loyalität ihrem Herrn gegenüber hinterfragt, die doch unbedingt war und insofern gleichbleibend hoch bzw. nicht steigerbar. Heute waren sie dem Herrn genauso treu, wie sie es morgen sein würden. Unternehmer-Typen dagegen brauchen am Abend eine Perspektive; bevor sie in die Pause der Nacht gehen, wollen sie hören, daß sie am nächsten Tag noch besser sein können. Jedem das Seine!

4. Wie man zu Petrus und Paulus kommt

Wie kam ich auf Petrus und Paulus? Die katholische Hochschulgemeinde der Technischen Universität Ilmenau hatte mich zu einem Vortrag über das Thema eingeladen, wie christliches Leben mit beruflicher Karriere vereinbar sei. Anscheinend sahen die Studenten und Studentinnen hier ein Spannungsfeld. In der Vorbereitung stellte ich mir die Frage, ob es Zeugnisse über ›Karrieren‹ in der christlichen Tradition selbst gebe – und stieß auf Petrus und Paulus, die auf jeden Fall posthum zu Führungspersonen der Kirche stilisiert wurden, und es in Wirklichkeit wohl auch waren. Natürlich würde man für ihr Leben aus kirchlicher Perspektive nicht den Begriff ›Karriere‹ wählen, wohl eher den gegenteiligen vom ›Martyrium‹ (liegt das immer so weit auseinander?).

Im Studium der beiden Personen wurde mir deutlich, wie unterschiedlich ›Karrieren‹ verlaufen können und entdeckte die Typen des Verwalters und des Unternehmers. Der Unternehmer zum Beispiel macht Karriere, wenn er nach einem Zeitraum weniger Jahre immer wieder den Betrieb wechselt, um so möglichst viel Erfahrung zu sammeln. Der Verwalter muß in ein und derselben Institution bleiben, um am Schluß alles zu kennen und hoch aufzusteigen.

Petrus und Paulus liefern viel Stoff, über die Typen vom Unternehmer und Verwalter nachzudenken. Sie helfen, die Wahrnehmungen zu sortieren, die man im Alltag macht, im Betrieb wie in Lebensgemeinschaften. Sie bilden in diesem Buch die Folie, auf deren Hintergrund die Typologie entfaltet wird. In erster Linie greife ich dabei auf ihre narrative

Gestalt zurück, wie man sie in den Büchern des Neuen Testamentes der Bibel vorfindet. Aber auch die historische Perspektive wird eine Rolle spielen.

Mein Bemühen ist, die Typen so ›rein‹ wie möglich zu zeigen, so rein, wie sie vielleicht in Wirklichkeit nie vorkommen. Den Theologen unter Ihnen sei also vorweg gesagt, daß hier keine ausführliche Petrus- und Paulus-Exegese stattfinden kann. Allerdings ergeben sich für Sie vielleicht neue Erkenntnisse in der Petrus- und Paulus-Interpretation. Jede Zeit muß ja die traditionellen Stoffe auf dem Hintergrund der modernen Probleme für sich neu erschließen.

I. Der Verwalter-Typ: Petrus

1. Der Berufene

Verwalter werden ›berufen‹ und ›ernannt‹, Unternehmer werden ›eingekauft‹, durch Headhunter ›gejagt‹ und ›gewonnen‹. Petrus ist von Anfang an ›der Berufene‹. Während die ersten Notizen der Bibel über Paulus nur dunkel von »einem jungen Mann« berichten, der die Christen verfolgt (Apostelgeschichte 7,58), erscheint Petrus gleich zu Beginn mit Namen und Gesicht:

> »Als Jesus am See von Galiläa entlangging, sah er zwei Brüder, Simon, genannt Petrus, und seinen Bruder Andreas; sie warfen gerade ihr Netz in den See, denn sie waren Fischer. Da sagte er zu ihnen: Kommt her, folgt mir nach! Ich werde euch zu Menschenfischern machen. Sofort ließen sie ihre Netze liegen und folgten ihm.« (Matthäus 4,18–20)

In dieser kleinen Szene sind bereits die wichtigsten Züge des Petrus beschrieben, die sein Leben prägen werden: Petrus wird von Jesus gesehen – später wird Paulus ihn nicht ohne Neid zu den »An-gesehenen« zählen. (Galaterbrief 2,6) Petrus wird von Jesus gerufen, er ist der ›vom Herrn‹ persönlich Berufene.

Petrus wird nicht alleine berufen, sein Bruder Andreas ist dabei, und gleich im Anschluß folgen noch weitere Jünger. »Kommt, folgt mir«, ist der Wortlaut dieser Berufung, und so wird Petrus sein Leben lang immer in der Nähe seines Herrn bleiben. »Ich werde aus euch Menschenfischer machen«, ergänzt Jesus und legt damit das Entwicklungsprogramm und die Karriere für Petrus fest. Durch die Berufung kann Petrus sein Fischer-Dasein auf eine höhere Stufe stellen: Er soll ein Netz schaffen, das Menschen verbindet. Und die Reaktion des Petrus ist so schnell wie beeindruckend: »Sofort ließen sie ihre Netze liegen und folgten ihm.« Petrus ist der Gehorsame. Er hat den Ruf gehört und folgt. Seitdem ist sein Schlüsselwort: Zu-gehörigkeit.

Wenn Sie schon einmal berufen wurden, kennen Sie den Schauer, der einem dabei über den Rücken geht. Das Angesehen-werden gibt einem aus dem Stand ein neues Ansehen. Es tut gut. Und gleichzeitig bindet es an den, der mich berufen hat. Es entsteht ein Gefühl von Dankbarkeit, aber auch von Verpflichtung und Loyalität. Für den Unternehmer-Typ spielt das keine Rolle. Nicht dieses Beziehungsgeschehen steht bei ihm anfangs im Vordergrund, sondern die Leistung, die erst noch zu erbringen ist; für Unternehmer gibt es keine Vorschußlorbeeren. Wenn Sie einen guten Verwalter haben wollen, dann wählen Sie ihn mit Sorgfalt aus. Ernennen Sie ihn vor aller Augen. Und er wird zu ihnen halten.

Petrus ist nicht der einzige, der von Jesus berufen wurde:

»Die Zwölf, die Jesus einsetzte, waren: Petrus – diesen Beinamen gab er dem Simon –, Jakobus, der Sohn des Zebedäus, und Johannes, der Bruder des Jakobus – ihnen gab er den Beinamen Boanerges, das heißt Donnersöhne –, dazu Andreas,

Philippus, Bartholomäus, Matthäus, Thomas, Jakobus, der Sohn des Alphäus, Thaddäus, Simon Kananäus und Judas Iskariot, der ihn dann verraten hat.« (Markus 3,16–19)

Es macht Verwaltern nichts aus, daß sie nicht die einzigen sind. Sie wissen, daß ihr Chef für seine Aufgaben mehrere Helfer braucht. Entscheidend ist, daß sie persönlich von ihm berufen sind. Dann gehören auch sie zum Chef. In diesem Punkt sind alle Verwalter gleich.

Einer aber ist gleicher. Es ist der, der am längsten dabei ist. Hier ist es Petrus, der als erster von Jesus berufen wurde. Er bekommt deswegen auch einen eigenen Namen von Jesus. Er wird berufen und ernannt. Es ist so wie in jeder Familie. Natürlich lieben die Eltern alle ihre Kinder gleich. Aber der oder die Erstgeborene bleibt etwas besonderes. Auch für Jesus muß es etwas besonderes gewesen sein, ein erstes Mal einen erwachsenen Menschen von dessen Beruf weg in seine Nähe zu rufen. Das stiftet eine besondere Beziehung. In Gruppen steht unter systemischer Perspektive das Prinzip der Zugehörigkeit immer an oberster Stelle. Alle anderen Prinzipien sind diesem untergeordnet. Das zweitwichtigste Prinzip ist das der Reihenfolge: der Frühere hat den Vorrang vor dem Späteren.

Deshalb ist Petrus der Erste der Apostel. Indem Jesus ihm einen neuen Namen gibt, greift er tief in seine Persönlichkeit ein. Durch seine Beziehung zu Jesus entsteht für Simon eine neue Identität. Es gibt zwar viele Simons, aber nur einen Simon Petrus.

2. Der Einfältige

Verwalter sind einfältige Menschen. Von der Einfalt des Petrus bekommt man eine Kostprobe im Abendmahlssaal, als Jesus als Abschiedsgeste allen Jüngern die Füße waschen will. Er kommt zu Petrus, und dieser entgegnet: »Du, Herr, willst mir die Füße waschen?« Das paßt nicht in den Kopf des ersten Apostels: Wieso sollten hier auf einmal umgekehrte Dienstverhältnisse herrschen? »Was ich tue, verstehst du jetzt noch nicht. Aber später wirst du es begreifen«, antwortet Jesus. Auch damit kommt Petrus nicht zurecht: »Niemals sollst du mir die Füße waschen!« Er will sofort begreifen. Was er nicht begreift, ist, daß er auch einmal nicht begreifen könnte. Das allerdings ist die hartnäckigste aller Begriffsstutzigkeiten.

Jesus erklärt liebevoll von neuem: »Wenn ich dich nicht wasche, hast du keinen Anteil an mir.« Jetzt ist das Zauberwort gefallen: Anteil haben, Dazugehören. Des Apostels prompte Erwiderung: »Herr, dann nicht nur meine Füße, sondern auch die Hände und das Haupt.« (Johannes 13,3–10)

Die Szene entbehrt nicht einer gewissen Komik. Und irgendwie ist es rührend, welch einfache Zuneigung aus dem Apostel spricht. Es ist eine tiefe, ungebrochene Identifikation mit seinem Meister. Ein guter Verwalter hat diese Liebe zu seinem Herrn.

Große Reflexionen allerdings, hochfliegende Gedanken, hintergründiges Systematisieren – das alles ist des Petrus Sache nicht. Der Evangelist Lukas bezeichnet den Fischer vom See Genesaret einmal als »ungelehrt und einfach« (Apostelgeschichte 4,13). Tatsächlich, während Paulus eine reiche Sammlung von Briefen hinterlassen hat, in denen er viele schwierige Fragen erörtert und theologisch zu lösen versucht, liegt uns derartiges von Petrus nicht vor. Die sogenannten »Petrusbriefe« tragen nur seinen Namen, stammen aber auf keinen Fall von ihm. Im Gegenteil: in ihnen findet sich paulinisches Gedankengut. Man muß sogar davon ausgehen, daß Petrus gar nicht schreiben konnte.

Viele Verwalter werden jetzt protestieren. Was, wir sollen alle dumm sein? Von Dummheit war nicht die Rede, sondern von Einfalt, oder vielleicht sollte man besser sagen: von Einfachheit. Es gibt bestimmt viele hochintelligente und auch viele sehr gebildete Verwalter. Aber für die Tätigkeit des Verwaltens ist eine gewisse Einfalt vonnöten. Wenn man einen Auftrag hat, soll man ja nicht dies tun und nicht jenes, schon gar nicht alles. Hier ist nicht in erster Linie Kreativität gefragt, sondern die Umsetzung des Auftrags, eins zu eins. Die Einfalt oder Einfachheit der Persönlichkeit erleichtert solch ein gradliniges Verhalten. Unternehmer würden nur auf dumme Gedanken kommen, wenn sie Vorgänge verwalten. Stellen Sie sich vor, jemand würde andauernd eigenmächtig etwas hinzufügen, was gar nicht gefragt war.

Von einfacher Struktur war auch Petrus. Ob er intelligent war oder gebildet spielte für Jesus überhaupt keine Rolle. Die erste Rolle spielte die Beziehung, und die festigte sich besonders, als Petrus als erster vor allen anderen bekannte: »Du bist der Messias!« (Matthäus 16,16) Natürlich muß ein Verwalter kompetent sein, jedenfalls für genau den Bereich, für den er die Verantwortung übertragen bekam. An Petrus läßt sich ablesen: Seine Kompetenz liegt gerade in seiner besonderen

Beziehung zum Herrn. In dessen Kraftfeld aber ist er zu unglaublicher Leistung fähig, wie der Evangelist Lukas belegt, wenn er anerkennend vom »einfachen und ungebildeten« Petrus spricht, der doch erstaunlicher Weise in Freimut eine Rede hält und von den Taten Jesu spricht.

Kennen Sie das »Peter-Prinzip?« Es besteht darin, daß »in einer Verwaltung jeder die Chance hat, solange befördert zu werden, bis er den Gipfel seiner Inkompetenz erreicht hat«. Das Prinzip hat tatsächlich nichts mit dem Apostel Petrus zu tun. Benannt ist es nach seinem Entdecker, dem amerikanischen Soziologen Laurence J. Peter. Aber: Gibt es Zufälle?

Peter beschreibt ausführlich die von ihm so betitelte »Hierarchie der Unfähigen«. Er wertet diese Hierarchie negativ, wie sein Buch-Titel »Schlimmer geht's nimmer« beweist. Peters Beobachtung ist es, daß viele Karriereleitern erst da enden, wo jemand an einer Stelle angelangt ist, an der er etwas zu tun hat, was er nun wirklich nicht mehr kann. Das führt oft zu skurrilen Situationen. Die Assistenten und Sekretärinnen müssen dem Chef ständig zuraunen, was er zu tun hat, dieser konzentriert sich aufs Unterschreiben.

Beim Verwalter, an welcher Stelle der Hierarchie er auch steht, spielt Loyalität gegenüber dem Vorgesetzten die wichtigste Rolle. Er muß nicht selbst können, was er verwaltet. Er ahmt damit seinen Chef nach, der es auch nicht konkret tut. Er muß nur dafür Sorge tragen, daß es gewissenhaft und im Sinne des ›Dienstherrn‹ geschieht. Daß in einer Organisation, in der viele solche Verwalter aufeinander treffen, nichts mehr wirklich vorwärtsgeht, ist naheliegend. Solche Situationen schreien nach Unternehmern.

3. Der dazugehört

Seitdem der Verwalter berufen wurde, gehört er dazu. So ist es auch bei Petrus. Seit der Berufungsszene am See begleitet er Jesus unaufhörlich. Er ist immer und überall dabei, selbst da, wo Jesus nicht jeden hinläßt. Zum Beispiel gehört er zu dem auserwählten Kreis, der die Auferweckung der Tochter des Jairus erleben darf (Markus 5,37), er ist in der Nacht der Entscheidung im Garten Getsemani dabei und auf dem Berg Tabor, als Jesus sein Verklärungserlebnis hat.

Für den Verwalter könnte der Satz gelten:»Dabei sein ist alles.« Dieses olympische Motto ist sicherlich eher die Erfindung eines Verwalters als eines Unternehmers. Ihm kommt es nicht vorrangig auf das Ergebnis oder die Leistung an. Der Unternehmer dagegen kann dem bloßen Dabei-sein nichts abgewinnen, er will auf dem Treppchen stehen. Und selbst wenn der den vierten Platz erreicht, tröstet ihn das Motto nicht. Sein Schlüsselwort ist ›Dazugewinnen‹!

›Dabei-sein‹ allerdings trifft das Grundwort des Verwalters noch nicht ganz. Sein Bedürfnis, das zugleich seine Fähigkeit ist, liegt noch tiefer. Er will nicht nur dabei sein, er will dazugehören. ›Dazugehören‹ ist, wie schon gesagt, das erste und oberste Prinzip jedes Systems. Jeder Mensch hat das intensive Bedürfnis dazuzugehören. Man kann den Test bei sich selbst machen: Was alles bin ich bereit zu opfern, damit ich in einer Gruppe dabei bleibe und dabei bleiben kann? Daß es um das Dazugehören beim Verwalter geht, wird an einem eigenartigen Phänomen deutlich: Verwalter werden um so wichtiger, je weniger sie da sind! Das erscheint zunächst paradox und klingt für Verwalter sicherlich zunächst beleidigend.

Gute Verwalter tun ihre Aufgaben ungefragt, selbstverständlich, fast unauffällig. Wenn Sie am Abend einen Verwalter fragen, was er am Tag getan hat, fällt es ihm mitunter schwer, das zu erklären. Wenn Sie ihn mehrere Tage hintereinander fragen, wird er nicht viel Neues berichten können. Das heißt natürlich überhaupt nicht, daß er oder sie nichts getan hätte! Im Gegenteil, vielleicht ist er sogar besonders fleißig gewesen. »Was gibt's Neues?« ist auch eine unangenehme Frage für Verwalter. Es gibt nicht immer Neues! Am ehesten wird ihm dann etwas einfallen, was er über Mitarbeiter sagen kann, vor allem über solche, die sich irgendwie auffällig verhalten haben.

Wenn der Verwalter einmal nicht da ist, dann fällt er auf. Wenn er an einer Fortbildung teilnimmt, krank ist oder Urlaub macht, dann bemerken die anderen, daß er fehlt. So selbstverständlich gehört er sonst dazu. Ich hatte schon einmal den Verdacht, daß hier die Ursache für einen hohen Krankenstand liegt. Sich Rar-Machen ist auf jeden Fall ein Erfolgskonzept für den Verwalter. Nirgends wird so deutlich, daß er dazugehört, als wenn er nicht da ist. Ganz anders übrigens geht es dem Unternehmer. Wenn er nicht da ist, ist es für ihn selbst und für die Gruppe verlorene Zeit.

4. Der Gehorsame

Im deutschen Wort ›Dazugehören‹ steckt ›hören‹. Der Verwalter hat einen Ruf bekommen und gehört. Seine Antwort ist der ›Gehorsam‹.

Normalerweise spricht man nicht von ›Gehorsam‹ im Zusammenhang von Verwaltungen. Man spricht eher von Loyalität gegenüber dem Vorgesetzten. Oder wenn es sich um eine reine Bürokratie handelt, in der das Persönliche weitgehend ausgeschaltet und alles auf geregelte Vorgänge zurückgeführt ist, dann spricht man von Regeltreue, Pflichtbewußtsein, Korrektheit. Dem Begriff ›Gehorsam‹ haftet entweder etwas Religiöses oder der Geschmack von alter Pädagogik an. Oder man denkt an das Militär. Trotzdem behaupte ich: Nur ein gehorsamer Verwalter ist ein guter Verwalter: Man kann nichts mit ihm anfangen, wenn er nicht das tut, was ihm aufgetragen ist. Die Geschichte von Jesus, der Petrus auf den Berg der Verklärung mitnimmt, erschließt ein menschliches und vernünftiges Verständnis dieses Begriffes:

»Etwa acht Tage nach diesen Reden nahm Jesus Petrus, Johannes und Jakobus beiseite und stieg mit ihnen auf einen Berg, um zu beten. Und während er betete, veränderte sich das Aussehen seines Gesichtes, und sein Gewand wurde leuchtend weiß. (...) Petrus und seine Begleiter waren eingeschlafen, wurden jedoch wach und sahen Jesus in strahlendem Licht und Mose und Elija, die bei ihm standen. Als die beiden sich von ihm trennen wollten, sagte Petrus zu Jesus: Meister, es ist gut, daß wir hier sind. Wir wollen drei Hütten bauen, eine für dich, eine für Mose und eine für Elija. Er wußte aber nicht, was er sagte.

Während er noch redete, (...) rief eine Stimme aus der Wolke:
Das ist mein auserwählter Sohn, auf ihn sollt ihr hören.« (Lukas
9,28–36)

Hier weiß Petrus wieder nicht, was er sagt. Aber es ist gut,
daß er dabei ist! Und wer wie Elija und Mose zu seinem Herrn
gehört, der gehört auch zu dessen Verwalter: Schnell wären
drei Hütten gebaut.

Dazuzugehören ist gut.»Es ist gut, daß wir hier sind!«
Dem riesigen Bedürfnis nach Zugehörigkeit entspricht die
große Bereitschaft zum Gehorsam, ja zum selbstlosen und
unbedingten Gehorsam. Für sich selbst sieht Petrus keine
Hütte vor. Das freilich ist eine gefährliche Sache. Die funda-
mentalistischen Selbstmordattentäter wollen ja auch nicht nur
ihren vermeintlichen Feinden schaden, sondern um so inten-
siver zu ihrer Gemeinschaft dazugehören. Der Gehorsam im
schlechtesten Fall ist Kadavergehorsam, so daß der einzelne
Untergebene nichts mehr als Mensch zählt, sondern nur noch
funktioniert wie ein Stück Fleisch.

Die Loyalität aber, mit der ein Verwalter seinem Vorgesetzten anhängt, ist immer eine unbedingte. Human wird diese
Loyalität erst, wenn sie ihren Ursprung kennt. Kein menschlicher Chef ist perfekt und kann so sein und handeln, daß es
dem absolut loyalen Verwalter nicht einmal schaden würde.
Deshalb besteht eine Hierarchie immer aus mehreren Stufen
übereinander. Der Vorgesetzte ist im besten Fall wiederum
Verwalter eines höheren Vorgesetzten und so weiter. So erfährt er eine Korrektur und kann nicht selbstherrlich Un-
menschliches fordern. Je größer das Gemeinwesen, je mehr
Hierarchiestufen, desto humaner könnten diese Vorgänge sein.
Im Büro des Verwalters hängt dann, selbst wenn er auf einer

sehr niedrigen Stufe angesiedelt ist, immer das Bild des höchsten Repräsentanten. Zum Beispiel des Bundespräsidenten oder des Papstes. Eigentlich gilt der Gehorsam immer dem obersten Chef. In Unternehmerbüros hängen nie persönliche Bilder, es sei denn es handelt sich um die Dynastie eines Familienunternehmens.

Die Taborszene arbeitet genauso: Der Herr des Petrus geht selbst auf den Berg und erfährt seine ›Vorgänger‹, von denen er wiederum gewissermaßen abhängig ist: Mose, Elija und dann – Gott selbst. Hier ist die Linie des Gehorsams bis in den Himmel hineingezogen. Das scheint mir die humanste Form von Loyalität. Unbedingter Gehorsam kann letztlich nur einem Unbedingten gelten. Nur der Unbedingte darf letztlich sprechen: Auf mich sollt ihr hören. Er aber spricht: »Auf ihn, meinen Sohn, sollt ihr hören«. Damit setzt er die Hierarchie in Gang.

Wenn man neu in einen großen Betrieb oder eine Behörde kommt, erhält man als erstes, vorausgesetzt sie sind professionell geführt, ein Organigramm. Das gibt Orientierung und Hilfe. Man kann sich einordnen. Ich weiß, daß ich dazugehöre und wie ich dazugehöre. Ich muß wissen, wer mich bezahlt und wer mich entlassen kann. Das Organigramm bildet die ›Hierarchie‹ ab. Hierarchie heißt wörtlich »heiliger Anfang«. Der Anfang, die Spitze muß heilig sein, muß in Ordnung sein, muß etwas Unüberbietbares haben, damit das Ganze in Ordnung sein kann.

Für die Gruppen heißt das konkret: Wo es Hierarchien gibt, sollte man sie leben und nutzen, und nicht verschleiern. Sie bergen die Kraft, sich gut aufzustellen und dem Zweck des Verbandes wirklich zu dienen. Eine gut aufgestellte

Organisation entwickelt geradezu unternehmerische Kraft. Anstatt in einer Krise Verwaltungen immer gleich zu ›verschlanken‹ oder gar ›abzuschneiden‹, sollte man lieber ihre Kraft richtig nutzen. Die Loyalität der einzelnen, ihre Identifikation mit dem Ganzen ist eine nicht zu unterschätzende Energiequelle, die das Unternehmen oder die Behörde in der Krisenzeit gerade dringend braucht. Wenn der Vorgesetzte sagt: Jetzt müssen wir besonders zusammenstehen, wird jeder Verwalter sofort mitmachen. Allerdings – die Ressourcen der Verwalter allein sind auch begrenzt, wie die drei Jünger zeigen, die irgendwann eingeschlafen sind.

Die Ordnung allein, die Hierarchie der Verwalter, macht eine Gruppe eben noch nicht lebendig. Es muß in ihr auch ganz andere Elemente geben, geradezu gegenteilige, für die die Hierarchie nicht die erste Rolle spielen. Es braucht die Unternehmer. Sie laufen außer Konkurrenz.

5. Der Sitzende

Petrus ist sehr erdverbunden. Er ist Familienmensch; bei seiner ersten Begegnung mit Jesus ist er mit seinem Bruder Andreas beisammen. Er ist Fischer, das heißt er lebt mit und von dem See und mit der Natur. Er stammt aus Betsaida am See Genesareth, und wenn ihm Jesus dort nicht begegnet wäre, wäre er vielleicht für immer in dieser schönen Gegend geblieben.

Auch Verwalter sind ›erdverbunden‹. Verwalter sitzen. Sitzen ist ihre typische Bewegungsform. Den größten Teil ihrer Zeit verbringen sie auf Stühlen. Was für ein Zufall, daß ein hohes Fest der Kirche »Kathedra Petri« (»Sitz des Petrus«) heißt; an diesem Tag, dem 22. Februar, wird die Übernahme des römischen Bischofsstuhles durch den Apostel gefeiert. Noch heute ist »der Heilige Stuhl« ein Synonym für den Vatikan, die Leitung der römisch-katholischen Kirche. Das Möbel steht für das Amt. Das analoge Fest für Paulus heißt übrigens »Pauli Bekehrung« (25. Januar). Das ist dynamischer.

Wenn Verwalter nicht gerade auf Stühlen sitzend ihre Arbeit allein verrichten, so arbeiten sie mit anderen zusammen auf sogenannten ›Sitzungen‹. Hier wird das Sitzen zur eigentlichen Tätigkeit. Verwalter sind häufig auf Sitzungen, und sie sind es gern. Für Unternehmer sind Sitzungen das Schlimmste. Sie können sich dort nicht bewegen, und oft bewegt sich auch nichts. Wenn die Verwalter dominieren, dann geht es bei den Sitzungen auch nicht darum, daß etwas herauskommt, sondern daß sie stattgefunden haben. Es geht um das Ritual. Es geht darum, daß alle wieder spüren: Wir gehören dazu. Wehe, wenn der Name bei der Anwesenheitsliste auf dem

Protokoll vergessen wurde. Unternehmer schlafen auf Sitzungen ein, bereiten unauffällig die nächsten Projekte vor oder malen Karikaturen auf Notizblocks. Diese Nebentätigkeit erleichtert ihnen, die nötige Geduld aufzubringen; denn für sie verstreicht die Zeit, ohne daß greifbare Ergebnisse zu Tage träten. Unternehmer glauben nicht wie Verwalter an den Sinn von Sitzungen.

Verwalter sitzen – und Unternehmer laufen. »Ich wollte sicher sein, daß ich nicht vergeblich laufe oder gelaufen bin« (Galaterbrief 2,2), sagt Paulus einmal. Während um den Verwalter herum Beisitzer und Vorsitzende sind, hat der Unternehmer Konkurrenten, das heißt übersetzt: welche, die mit oder gegen ihn laufen.

6. Der Zeit hat

Wer hauptsächlich sitzt, der muß Zeit haben. Verwalter haben immer Zeit. Das macht so manchen wahnsinnig, wenn er sich zum Beispiel auf einem Amt fragt, warum er nicht schneller dran kommt. Es scheint, als würde man immer stören. An diesen Stellen entstand das häßliche Wort von der »Servicewüste Deutschland«. Dabei sind Beamte und Verwalter gar nicht prinzipiell unfreundlich, sie unterhalten sich auch gerne, aber sie haben Zeit – die der Kunde, der Antragsteller, vielleicht nicht hat.

Man wird aufhören, sich darüber zu wundern, wenn man das Verhältnis des Verwalters zur Zeit bedenkt: Die Zeit läuft für ihn. Das gilt im Kleinen wie im Großen. Im Großen: Je länger jemand Verwalter in einer Gruppe ist, desto wichtiger ist sein Amt. Die Länge des Daseins und des Dazugehörens ist Ausweis seiner Qualität. Deswegen werden Verwalter mit der Zeit in Behörden geradezu unentbehrlich.

Ohne daß die Art der Tätigkeit sich ändern müßte, ohne daß irgendeine bestimmte Leistungssteigerung nötig wäre, macht der Verwalter – einfach mit der Zeit – Karriere. Sein Gehalt wächst mit den Jahren. Es ist das Erfahrungswissen, das ihn reich macht. Er kennt die Gruppe in- und auswendig, man kann ihm nichts vormachen. Er kennt alle Vorgänge. Er kann immer sagen: Das war damals so... das war schon damals so – und niemand kann ihm im Ernst widersprechen. Er kann Entwicklungen der Gruppe beschreiben, weil er sie selbst erlebt hat. Er wird lebendiger Teil dessen, wozu er gehört. Er wird selbst ein Stück Tradition.

Das ist keine leichte Aufgabe in der heutigen Zeit, wo alles im Umbruch und so schnellebig ist. Ein Prokurist hat jahrzehntelang in einer Firma gearbeitet. Er hat geschuftet und gut verdient. Er ist der Firma sehr verbunden und hätte sich nicht vorstellen können, noch einmal anderswo zu arbeiten. Die ihm noch verbleibenden drei Jahre bis zur Pensionierung sind im Vergleich zu den vorausgegangen ein ›Klacks‹; doch jetzt muß er gehen, weil die Firma abgewickelt wird. Ein Schlag, den er nur als Mißachtung seiner Persönlichkeit empfinden kann.

Auch im Kleinen läuft die Zeit für den Verwalter. Ich habe noch nie einen Unternehmer gesehen, der seine Zeit ›rumkriegen‹ wollte. Der Verwalter schaut schon mal auf die Uhr: So und so lange noch. Er arbeitet nicht projektorientiert, sondern gehört auch morgen noch dazu, und morgen werden wieder Vorgänge zu bearbeiten sein. Unternehmer arbeiten bis zum Umfallen, sie haben nie Zeit.

Entscheiden Sie selbst, was besser ist: Zeit zu haben oder keine Zeit zu haben?

Ein guter Verwalter ist wie Michael Endes »Beppo, der Straßenkehrer«. Er nimmt sich die Zeit für das, was er gerade tut. Er will dabei sein bei dem was er tut, auch innerlich. Nur wenn er jeden Vorgang sorgfältig zu Ende bringt, wird die Nachhaltigkeit erreicht, die zu schaffen sein Auftrag ist.

7. Die Schlüsselfigur

Ein junger Unternehmer, der frisch in einen Betrieb gekommen war, erzählte mir, daß er eine Mitarbeiterin einmal in einer schwierigen Sache um ihre Meinung fragte. Es handelte sich um eine für den Betrieb völlig neue Angelegenheit. Die Sachbearbeiterin, eine lang gediente Angestellte des Hauses, sagte spontan: »Das machen wir nach dem Motto: ›Hoch lebe der Vorgang!‹« Der Unternehmer war schockiert: Auf welchen Vorgang hätte man sich in dieser Sache beziehen sollen?

Das war eine typische Verwalter-Antwort. Verwalter denken von der Vergangenheit her. Bei ihnen lebt hoch, was schon mal gewesen ist. Sie stehen für Nachhaltigkeit. Je neuer etwas daher kommt, desto tiefer verankern sie diese Sache in der Vergangenheit: Hoch lebe der ›Vorgang‹, das heißt: das was vorangegangen ist. Alles Aktuelle, ja sogar Zukünftige wird bereits in der Gegenwart als Vergangenes behandelt. Es ist klar, daß man dabei unternehmerisch nicht vorankommt. Und es ist klar, daß der Verwalter Zeit hat, denn seine Zeit ist die, die schon vorbei ist.

Der Verwalter kennt eigentlich nur Vorgänge. Mit Vorliebe schließt er Dinge ab, versetzt sie sozusagen in die Vergangenheit. Deshalb ist er die Schlüsselfigur in einer Gruppe. Das Attribut, das dem Petrus von Anfang an zugeordnet war, ist der Schlüssel. Man erkennt Petrus-Bilder und -Statuen an den übergroßen Schlüsseln, die ihnen beigegeben sind. Das geht auf das Wort Jesu zurück: »Ich werde dir die Schlüssel des Himmelreichs geben.« (Matthäus 16,19) Der Herr übergibt dem Verwalter die Schlüssel. Nur wer absolut vertrauenswürdig ist, bekommt den Schlüssel. Den Generalschlüssel haben nur der Hausmeister und der Chef. Wer den Schlüssel zu einer Sache hat, der hat Macht über sie, dem gehört sie. Er ist befähigt zum Beschluß, zur Entscheidung. Deshalb sind die Verwalter sehr oft die Entscheidungsträger.

Zwar kann man mit einem Schlüssel auch aufschließen und nicht nur zuschließen, aber es bleibt ein ›Schließen‹, und nur dadurch, daß etwas ›vom Tisch‹ ist, wird der Tisch wieder frei für Neues. Unternehmer brauchen an dieser Stelle die Verwalter. Sie können nichts Neues beginnen und ihre Projekte sind hinfällig, wenn sie nicht vorher einmal abgeschlossen sind. Projekt heißt »das Vorausgeworfene«. Wie der Verwalter das Hier und Jetzt von der Vergangenheit her gestaltet, so der Unternehmer von der Zukunft her. In der Mitte treffen sie sich, *wenn sie sich treffen.*

Ein wichtiges Instrument für Verwalter ist daher die Ablage. Die Ablage ist das System für Vorgänge, ist die Ordnung, in der sich die Vorgänge wiederfinden lassen, wo Vorgänge zu Vorgängen werden. Nur ungern ändert der Verwalter diese Ordnung, denn streng genommen muß er dann noch einmal von vorne anfangen, alles einzusortieren. So versucht er möglichst ein Ablagesystem zu finden, das nach oben hin offen ist. Daß das wiederum ein festgelegtes System ist, ist klar.

Unternehmer hassen die Ablage. Die ›haben‹ dafür ihre Verwalter. Der Unternehmer, der keine gute Ablage hat, dessen Schreibtisch quillt über. Die Dinge sind noch nicht ›ad acta‹.

8. Der Beziehungsmensch

Verwalter können Menschen für sich aufschließen. Auch Petrus ist ein solcher ›Beziehungsmensch‹. Selten sehen wir ihn allein, meist ist er von einer Traube von Menschen umgeben. Als er berufen wird, ist er bereits ›zu zweit‹, mit seinem Bruder Andreas. (Matthäus 4,18) In der johanneischen Version seiner Berufung ist es sogar Andreas, der den Ruf an Petrus weitergibt. (Johannes 1,41) Petrus ist Familienmensch. Nicht lange steht er in der Nachfolge Jesu, da führt er den Meister bereits zu seiner Schwiegermutter, die schwer krank darniederliegt. Jesus heilt sie. (Markus 1,30–31) Wenn man weiß, wie kritisch distanziert Jesus zu eng verstandenen Familienbanden gegenüberstand, ist das eine um so erstaunlichere Begebenheit, die ein Licht auf Petrus wirft. »Wer ist meine Mutter, wer sind meine Brüder?«, fragt Jesus einmal, als seine Familie draußen vor der Tür steht und hereingelassen werden will. Petrus scheint es gelungen zu sein, den Heiler, der von so vielen begehrt war, auch zu seiner Schwiegermutter zu bugsieren. Vitamin ›B‹ ist seine Stärke.

Eine der schönsten Petrus-Geschichten ist sein berühmter Versuch, über das Wasser zu gehen:

»Das Boot war schon viele Stadien vom Land entfernt und wurde von den Wellen hin und her geworfen; denn sie hatten Gegenwind. In der vierten Nachtwache kam Jesus zu ihnen; er ging auf dem See. Als ihn die Jünger über den See kommen sahen, erschraken sie, weil sie meinten, es sei ein Gespenst, und sie schrien vor Angst. Doch Jesus begann mit ihnen zu reden und sagte: Habt Vertrauen, ich bin es; fürchtet euch nicht!

Darauf erwiderte ihm Petrus: Herr, wenn du es bist, so befiehl, daß ich auf dem Wasser zu dir komme. Jesus sagte: Komm! Da stieg Petrus aus dem Boot und ging über das Wasser auf Jesus zu. Als er aber sah, wie heftig der Wind war, bekam er Angst und begann unterzugehen. Er schrie: Herr, rette mich! Jesus streckte sofort die Hand aus, ergriff ihn und sagte zu ihm: Du Kleingläubiger, warum hast du gezweifelt?« (Matthäus 14,22–32)

Für den soliden, erdverbundenen Petrus ist klar, daß man nicht auf dem Wasser gehen kann. Als Fischer kennt er das Wasser. Auf dem Wasser gehen könnte höchstens ein Gespenst. Als Jesus sich aber zu erkennen gibt, ist es Petrus, der – typisch! – als erster das Wort ergreift. »Herr, wenn Du es bist, so befiehl, daß ich auf dem Wasser zu dir komme.« Die Beziehung macht für Petrus alles möglich. »Wenn Du es bist ...« Sofort treten alle bisherigen Erfahrungen in den Hintergrund, Petrus prüft auch nicht zunächst die Wassertemperatur oder ob das Wasser heute irgendwelche Veränderungen aufweist: Das Wort seines Herrn genügt ihm. Dann geht er los, und zwar geradewegs auf Jesus zu. Nur im Gegenüber zu ihm kann er den Schritt wagen. Die Kraft kommt nicht aus ihm selbst. Als er einmal zur Seite schaut, die Sache selbst betrachtet, den heftigen Wind und die Wellen sieht, ist er nicht mehr in der Lage, weiterzugehen, er versinkt. Beziehung ist für Petrus alles. Das hätte er wissen können, der Kleingläubige.

Der Beiname ›Petrus‹, den Jesus dem Simon gibt, bedeutet ›Fels‹. Und tatsächlich ist Petrus für Menschen durch sein bloßes Dasein so attraktiv wie ein Fels nach dem Gesetz der Anziehungskraft der Masse. Er muß nichts besonderes tun und führt doch Menschen zusammen oder motiviert sie zu gemeinsamem Handeln. »Ich gehe fischen«, sagt er einmal lapidar – »wir kommen auch mit«, echot es sofort von den Jüngern. (Johannes 21,2–3) Leiten durch Dasein, Führen durch Präsenz.

Diese Begabung wird für Petrus zum ausdrücklichen Auftrag. Wieder ist es Jesus selbst, der ihm diesen gibt: »Wenn du dich bekehrt hast, dann stärke deine Brüder!«, heißt es im Lukasevangelium 22,31–22. An einen Fels können andere sich anlehnen. Er gibt Kraft und Halt, er stützt und schützt.

Verwalter sind solche Beziehungsmenschen, sie haben Familiensinn. Verwalter sind wichtig für das Klima in einem Betrieb, in einer Behörde. Sie halten die Kommunikation aufrecht. Sie interessieren sich für alle, die in der Gruppe sind. Sie interessieren sich sogar für scheinbare Nebensächlichkeiten. Jeder Mensch interessiert sie, unabhängig von seiner Stellung und Funktion. Die Funktionen freilich kennen sie genau.

Verwalter sind beziehungsfähig, Unternehmer dagegen sind beziehungsunfähig. Die Gruppe gehört beim Verwalter zur Selbstdefinition, beim Unternehmer in keiner Weise. Verwalter können gar nicht flexibel sein (haben Sie schon einmal einen flexiblen Felsen gesehen?), weil Beziehungen erst wachsen müssen, weil Beziehungen sich nur langsam aufbauen. Für Beziehungen braucht man Zeit, sie müssen gepflegt werden.

Je größer die Gruppe, desto wohler fühlt sich der Verwalter. Die ›Familie‹ kann gar nicht groß genug sein, denn das beinhaltet größeres Potential für mögliche Beziehungen. Der Verwalter kennt so viele Menschen, daß er in seiner Familie, in seinem Betrieb für jede Angelegenheit jemanden hat:

jemanden, der ihm das Auto reparieren kann, jemanden der tapeziert, einen für die Steuererklärung und jemanden, der der Tochter Nachhilfeunterricht gibt. Der Unternehmer macht die Dinge, wenn es irgend geht, selbst.

Weihnachtsfeiern und Betriebsausflüge, in denen es in erster Linie um Beziehungspflege geht, sind nichts für Unternehmer. Sie verstehen sie als ›Arbeit‹, und zwischen Suppe und Hauptgericht versuchen sie, die Richtigen anzusprechen. Verwalter können solche Feiern genießen, durch das bloße Zusammensein sind sie im Prinzip schon bei der Arbeit.

9. Die Integrationsperson

Die Beziehungsfähigkeit des Petrus scheint ganz selbstverständlich, wie angeboren zu sein. Doch der Herr fragt einmal genauer nach:

»Simon, Sohn des Johannes, liebst du mich mehr als diese? Er antwortete ihm: Ja, Herr, du weißt, daß ich dich liebe. Jesus sagte zu ihm: Weide meine Lämmer! Zum zweitenmal fragte er ihn: Simon, Sohn des Johannes, liebst du mich? Er antwortete ihm: Ja, Herr, du weißt, daß ich dich liebe. Jesus sagte zu ihm: Weide meine Schafe! Zum drittenmal fragte er ihn: Simon, Sohn des Johannes, liebst du mich? Da wurde Petrus traurig, weil Jesus ihn zum drittenmal gefragt hatte: Hast du mich lieb? Er gab ihm zu Antwort: Herr, du weißt alles; du weißt, daß ich dich liebhabe. Jesus sagte zu ihm: Weide meine Schafe!«

(Johannes 21,15–18)

Jesus spricht Petrus mit »Sohn des Johannes« an, seine Beziehungen sind gefragt. Die Examinierung ist eigenartig und unangenehm. Stellen Sie sich vor, Sie werden andauernd von ihrem Partner gefragt, ob Sie ihn lieben. Spätestens beim dritten Mal würden sie wütend werden oder aber traurig wie Petrus. Muß man darüber reden, sieht man es nicht? Und wie könnte man ›Liebe‹ steigern? Liebe ist doch Liebe, wie könnte es ein ›Mehr an Liebe‹ geben, wie es Jesus hier fordert?

Jesus prüft die Beziehung hart, wie er es schon beim Gang über das Wasser getan hat. Was so selbstverständlich ist, will er dem Petrus ins Bewußtsein rufen, damit dieser es an andere weitergeben kann. Daher folgt jeweils im Anschluß der Auftrag: Weide meine Lämmer! Petrus soll Hirte sein. Der

Hirt achtet auf die Herde, damit kein Tier verlorengeht, das zur Herde gehört, und alle beieinander bleiben. Auch die Loyalität des Verwalters ist im Grunde nicht steigerbar. Aber nur wenn er ›loyaler‹ ist als die anderen, wird er befördert. Er kann dann selbst ›Dienstherr‹ für andere sein, in Rückbezug wiederum zu seinem ›Dienstherrn‹. So funktioniert die Karriere des Verwalters. Weil er sich ›zugehöriger‹ fühlt als andere, kann er Dazugehörendes zusammenhalten.

Petrus wird der Hirtenaufgabe, die er im Johannesevangelium erst nach der Auferstehung Jesu erhält, gerecht. Ein »Lamm« geht verloren, Judas hat Jesus verraten und sich selbst umgebracht. Der Zwölferkreis muß wieder hergestellt werden, und so ist es Petrus, der die Wahl des neuen Apostels initiiert. (Apostelgeschichte 1,15) An einer anderen Stelle (9,32) heißt es: »Auf einer Reise zu den einzelnen Gemeinden...« Daraus kann man schließen, daß Petrus seinen christlichen Brüdern und Schwestern regelmäßige Besuche abstattete. Petrus verbindet Gemeinden, die bestehen. Er gründet keine neuen.

Doch ›konnte‹ Petrus mit allen? Gab es niemanden, mit dem es ihm schwerfiel, in Gemeinschaft zu bleiben, Verbindung zu halten? Gelang es ihm, alle zu integrieren? Interessant ist in diesem Zusammenhang natürlich sein Verhältnis zu Paulus. Von diesem stammt die bemerkenswerte Notiz im Galaterbrief (1,18), er sei nach Jerusalem gegangen, »um Petrus kennenzulernen«. Das ist für den Völkerapostel ganz ungewöhnlich. Normalerweise verbindet er jede Reise, jede Handlung mit einem Zweck, die im Dienst seiner Mission steht. Beziehungsarbeit, ja Lobbyarbeit und Public Relation sind nicht seine Sache. Um so erstaunlicher, wie er hier von

Petrus spricht. Er will ihn kennenlernen. Der Fels Petrus hat selbst den kompromißlosen Paulus angezogen.

Eine der weiteren wenigen Begegnungen zwischen Petrus und Paulus verstärkt dieses Bild. Beim sogenannten Apostelkonzil in Jerusalem ca. 48 n. Chr. ging es um die Frage, ob die Heiden, die sich als Christen hatten taufen lassen, ebenso wie die Judenchristen nach den jüdischen Gesetzen leben müßten. Das hätte für sie bedeutet, sich beschneiden zu lassen und ganz bestimmte Speise- und Reinheitsvorschriften einzuhalten. Paulus und sein Partner Barnabas waren als erfahrene Heidenmissionare zu den Jerusalemer Aposteln eingeladen worden.

»Als ein heftiger Streit entstand, erhob sich Petrus und sagte zu ihnen: Brüder, wie ihr wißt, hat Gott schon längst hier bei euch die Entscheidung getroffen, daß die Heiden durch meinen Mund das Wort des Evangeliums hören und zum Glauben gelangen sollen.« (Apostelgeschichte 15,7) Als Petrus seine kurze Intervention beendet hat, heißt es: »Da schwieg die ganze Versammlung. Und sie hörten Barnabas und Paulus zu, wie sie erzählten, welch große Zeichen und Wunder Gott durch sie unter den Heiden getan hatte.« (Apostelgeschichte 15,12)

Hier wird die besondere Stellung des Petrus deutlich. In einer Streitfrage ist er als Schlichter gefragt. Zwar hat er im Gegensatz zu Paulus keine große Erfahrung mit der Heidenmission. Ein einziges Erlebnis, die Begegnung mit dem Haus des Heiden Kornelius (Apostelgeschichte 10–11) genügt ihm, um für sich Klarheit zu bekommen, daß es rechtmäßig ist, sich als Judenchrist auch an die Heiden zu wenden. In aufwendigen Visionen war ihm dabei das Ungeheure, weil noch nie Dagewesene, deutlich geworden, daß Gott auch die Heiden beruft. Jetzt kann er in dieser Frage dem Paulus den Weg freimachen.

Alle schweigen nach den entscheidenden Worten des ›Felsen‹, und Paulus hat Raum, seine neuen, für viele noch provozierenden Ansichten kundzutun. Hier beweist Petrus die Stärke seiner beziehungsstiftenden Kraft. Selbst einen ›Extremen‹ wie Paulus kann er miteinbeziehen in die Gemeinde, und die anderen gehen mit. Daher war Petrus für Paulus so wichtig. Daher hatte Paulus den Petrus kennenlernen wollen. Daß es nicht immer so glatt ging zwischen den beiden, davon werden wir gleich hören.

Wenn ein oberster Verwalter einem Unternehmer den Rücken freihält bei dessen neuen Projekten, dann ergeben sich große Möglichkeiten; wenn er die Brücke schlägt zu denen, die bislang nur das Alte kennen. Das ist auch ein häufiger Wunsch der Unternehmer an die Politik, ihnen gute ›Rahmenbedingungen‹ zu schaffen.

10. Der Profillose

Die Stärke des Petrus ist zugleich seine Schwäche. Er kann zwar integrieren – insofern ist er offen für alles oder vieles – aber er hat ein Problem mit dem Profil. Das wird nicht lang nach dem Apostelkonzil deutlich. Petrus kommt nach Antiochien in Syrien und fühlt sich nach dem, was in Jerusalem gewesen war, von den jüdischen Gesetzen frei, zum Beispiel auch davon, daß man mit Nicht-Juden keine Tischgemeinschaft haben durfte. »Bevor Leute aus dem Kreis des Jakobus eintrafen«, berichtet Paulus im Galaterbrief (2,12), »pflegte Petrus zusammen mit den Heiden zu essen. Nach ihrer Ankunft aber zog er sich von den Heiden zurück und trennte sich von ihnen, weil er die Beschnittenen (= die Judenchristen) fürchtete«. Das berichtet Paulus nicht ohne Zorn. Petrus will es allen, die zu den Christen gehören, recht machen. Er macht es den Heidenchristen recht und pflegt Gemeinschaft mit ihnen, und er macht es auch den alten Judenchristen aus Jerusalem um Jakobus recht, die damit ein Problem hatten. Nicht gerecht wird er allerdings dem, wohin seine eigenen Worte zuvor in Jerusalem noch tendiert hatten. Aber hatte er sich eigentlich klar festgelegt? Was war eigentlich seine Meinung, sein eigener Standpunkt in dieser Frage?

Man kennt das von leitenden Verwaltungspersonen. Sie verstehen es meisterlich, alle zu integrieren, man erkennt aber immer weniger, wofür sie eigentlich stehen. Sie selbst haben damit weniger ein Problem, sie haben nicht etwa das Gefühl sich zu verbiegen. Sie versuchen nur, daß möglichst alle dazugehören können, das ist ihr Auftrag. Von ihrer Berufung her sind sie weniger auf eine Sache als auf eine Person oder Gruppe ausgerichtet.

Übrigens findet man nur selten Biographien von Verwalter-Typen. Es gibt nicht viel Markantes, was man von ihnen erzählen könnte. Das heißt aber nicht, daß sie nichts erlebt hätten.

11. Der Sprecher

Jede Gruppe braucht einen Sprecher. Die Gruppe als solche kann ja nicht reden. Sprechen kann jeweils nur ein einzelner, eine einzelne. Deshalb findet sich in jeder Gruppe jemand, der für die Gruppe, der für alle spricht. Er oder sie tritt in Aktion, wenn sich die Gruppe als Ganze äußern will. Und er oder sie ist gefragt, wenn die Gruppe als Ganze von außen angesprochen wird. Wer das ›Gruppenganze‹ formuliert, der bestimmt natürlich vieles mit. Deshalb sind der Sprecher und der Leiter einer Gruppe oft identisch. Petrus ist der Sprecher der zwölf Apostel. Immer ist er der erste, der den Mund aufmacht.

Am deutlichsten wird das, als Jesus die Jünger einmal sehr intim nach ihrer Meinung über ihn fragt: »Für wen haltet ihr mich?« Petrus antwortet spontan: »Du bist der Messias, der Sohn des lebendigen Gottes.« (Matthäus 16,15–19) Jesus erwidert: »Selig bist Du, Simon Barjona, denn nicht Fleisch und Blut haben dir das offenbart, sondern mein Vater im Himmel.« Hier kommt die Sprecherrolle des Petrus an seinen höchsten Punkt. Er gibt nicht nur wieder, was er aus der Gruppe hört, er spricht sogar aus, was er von Gott selbst hört und gehört hat. Wie sich die Linie der Loyalität bis in den Himmel verlängern läßt, so auch die des Sprechers. Der Himmel ist hier ein Symbol dafür, daß das, was zu sagen ist, nicht aus dem Sprecher selbst kommt, sondern ihm vollständig eingegeben wird. Daran ist er dann ganz gebunden. Sprecher zu sein, ist keine leichte Aufgabe.

Ein unglückliches Beispiel für einen Sprecher ist der Regierungssprecher. Eigenartigerweise hat er oft eine schlecht verstehbare Stimme, nuschelt oder spricht undeutlich. »Sagen Sie am besten nichts«, war einmal die Order eines Kanzlers an seinen Regierungssprecher. Dieser Sprecher soll eher verschweigen.

Aber auch in einer freien Gruppe ist, Sprecher zu sein, eine sehr demütige Aufgabe. Hier kommt es gerade nicht auf das eigene Profil an, sondern auf die Offenheit und Hörbereitschaft. Deshalb sind Verwalter-Typen dafür gut geeignet. Sie verwalten nur – es ist nicht ihre eigene Sache; sie sprechen nur – sie texten nicht selbst. Sie führen, indem sie dienen. Die Hierarchie der Kirche, die Jesus im Zusammenhang mit der schon erwähnten ›Schlüsselübergabe‹ begründet, soll eine Stufenleiter von demütigen Menschen sein. Die Stelle im Ganzen lautet: »Du bist Petrus, und auf diesen Felsen werde ich meine Kirche bauen, und die Mächte der Unterwelt werden sie nicht überwältigen. Ich werde dir die Schlüssel des Himmelreiches geben.« (Matthäus 16,18f) Nach dieser Stufenleiter demütiger Menschen wird der Papst als ihr oberster Repräsentant »servus servorum«, Knecht aller Knechte, genannt. Daher heißen hohe Beamte eigenartigerweise ›Minister‹ (Diener).

12. Der Bodyguard

Petrus ist der Bodyguard Jesu. Als ›Fels‹ bringt er die Statur mit, die man als Bodyguard haben muß. Jesus braucht ihn dringend, denn er wird immer bekannter, und durch immer spektakulärere Heilungen zieht er viele Menschen an, vor denen er sich kaum noch schützen kann. Immer wieder flüchtet er auf den See, wo er mit den Jüngern allein ist, aber kaum erreicht er das andere Ufer, sind die Menschen schon wieder da. So auch an jenem Tag, an dem er einem Synagogenvorsteher verspricht, mit ihm zu seiner Tochter zu gehen, die sterbenskrank zu Hause liegt. Jesus bahnt sich den Weg durch die Menge – Petrus und einige weitere Jünger ihm voraus:

»Während Jesus auf dem Weg zu ihm war, drängten sich die Menschen um ihn und erdrückten ihn beinahe. Darunter war eine Frau, die schon seit zwölf Jahren an Blutungen litt und bisher von niemand geheilt werden konnte. Sie drängte sich von hinten an ihn heran und berührte den Saum seines Gewandes. Im gleichen Augenblick kam die Blutung zum Stillstand. Da fragte Jesus: Wer hat mich berührt? Als alle es abstritten, sagten Petrus und seine Gefährten: Meister, die Leute drängen sich doch von allen Seiten um Dich und erdrücken dich fast.« (Lukas 8,40–48)

Ein bißchen naiv ist die Bemerkung des Petrus schon, sie drückt das Selbstverständlichste aus. So kennen wir Petrus. Aber der Mann ist auf seinem Posten, er hat acht auf den Meister. Er ist in seiner Nähe.

Doch die Rolle ist nicht leicht für den ›Felsen‹. Oft ist er überfordert mit seinem Meister, der so eigenwillig und manch-

mal völlig unverständlich und unberechenbar handelt. Eine
Szene ist besonders erschütternd. Jesus hat den Petrus gerade
gelobt für sein Messiasbekenntnis, er hat ihm den Beinamen
»Petrus« gegeben und ihn zur Schlüsselfigur erklärt, da gibt
es bereits kurz darauf – wie es scheint – einen ›Dämpfer‹. Der
Bodyguard muß den niederschmetterndsten Vorwurf hören,
den er wohl je in seinem Leben von Jesus vernommen hat.
Als dieser nämlich zum ersten Mal von seinem Leiden und
Sterben spricht, das er auf sich nehmen müsse, »nahm ihn
Petrus beiseite und machte ihm Vorwürfe; er sagte: Das möge
Gott verhüten, Herr! Das darf nicht mit dir geschehen! Jesus
aber wandte sich um und sagte zu Petrus: Weg mit dir, Satan,
geh mir aus den Augen. Du willst mich zu Fall bringen; denn
du hast nicht das im Sinn, was Gott will, sondern was die
Menschen wollen.« (Matthäus 16,22f). Petrus handelt doch
nur vernünftig und verständlich. Er sieht es als seine Aufgabe, den Herrn zu beschützen – wie ein Bodyguard. Doch für
Jesus scheinen noch ganz andere Kriterien zu gelten.

Viele Verwalter haben die Funktion der Aufsicht. Sie sind
sozusagen ›Bodyguards‹ ihrer Körperschaften, als Fachaufsicht,
als Personalaufsicht, als Aufsichtsräte. Übrigens sind auch
Bischöfe ›Aufseher‹, wie die griechische Bezeichnung »Epi-
skopus« wörtlich übersetzt heißt. Dieses Schauen aber ist nicht
leicht, weil sich der ›Körper‹ nicht berechenbar bewegt und
sein eigenes ›Wesen‹ hat. Von Petrus kann der Verwalter lernen, daß die Aufsicht immer in einen größeren Zusammenhang gestellt werden muß. Was im Moment für Jesus gut ist,
entscheidet dieser selbst, auch wenn es zunächst von außen
her nicht einsichtig ist. Die ›Aufsicht‹ ist tatsächlich mehr als
ein gehorsames Umsetzen von Aufträgen, eins zu eins. Sie

bedeutet ein Einfühlen in die Komplexität der Gruppe. Der Verwalter muß sich in jeder Situation neu fragen, was jetzt das Beste für die Gruppe ist. Das ist für ihn, den Sitzenden, den von Haus aus Unflexiblen, fast wie die Quadratur des Kreises. Aber es gehört zu seiner Verantwortung.

Petrus ist für den Verwalter aber auch ein guter Patron, wenn es darum geht, daß er Fehler machen darf. Als es einmal wirklich brenzlig wird, nimmt Jesus Petrus und die anderen beiden Jünger wieder mit in den Garten Getsemani. Seine Verhaftung steht kurz bevor. Jesus bittet: »Setzt euch und wartet hier, während ich dort bete.« (Matthäus 26,36–46) Als er nach einem panikvollen Gebet wieder zu den Jüngern zurückkehrt, sind diese eingeschlafen! »Konntet ihr nicht einmal eine Stunde mit mir wachen?« Doch Jesus denkt mehr an sie, als an sich selbst: »Wacht und betet, damit ihr nicht in Versuchung geratet. Der Geist ist willig, aber das Fleisch ist schwach.« Ein zweites und ein drittes Mal geschieht es ebenso. Immerhin zieht Petrus, als die Schergen kommen, das Schwert (allerdings nur im Johannesevangelium). Jesus befiehlt, daß er es wieder wegstecken soll. Dann aber versagt Petrus völlig. Als es wirklich ernst wird, kneift er, als seine Loyalität total auf die Probe gestellt wird, da kann er nicht mehr mit, so sehr er es zuvor auch beteuert hat: »Und wenn ich mit dir sterben müßte, ich werde dich nie verleugnen.« (Matthäus 26,35) Jesus wird vor dem hohen Rat verhört, und erstmals steht Petrus nicht mehr in seiner Nähe, sondern betrachtet die Sache aus der Ferne. Er ist zwar – verglichen mit den anderen Jüngern – noch am nächsten dran, aber weiter als bis in den Vorhof wagt er sich nicht. Was ihm bekanntermaßen nichts nützt: Er wird erkannt, und verleugnet seinen

Herrn. Eine Verhaltensweise, die ihm Jesus peinlicherweise vorausgesagt hatte. Er erkennt beim Hahnenschrei, und er weint bitterlich, weil er seinen Herrn wirklich liebt.

Petrus ist eben kein Bodyguard à la Kevin Costner. Der Herr aber schreibt ihn nicht ab, sondern ruft ihn, wie schon beschrieben, nach seinem Tod und seiner Auferstehung in eine noch intensivere Nachfolge: »Weide meine Lämmer.« Das Verhältnis war von Anfang an so gut, daß es selbst durch solch ein Versagen nicht zerstört werden konnte. Ein Anspruch, den man sich in einer Behörde oder einem Betrieb wirklich nicht mehr leicht vorstellen kann – der aber eine Menge mehr Menschlichkeit in diese Gruppen brächte, und durch das gewonnene Vertrauen wohl auch mehr Effektivität. Petrus ist in der Zeit nach Jesu Weggang ein effektiver Bodyguard. Er wird der Hirte und Bischof der Gemeinde Jesu, die Paulus einmal mit der Metapher »Leib Christi« bezeichnet. Er ist nun wieder Bodyguard, jetzt des ›mystischen‹ Leibes Christi, der aus den Christen und Christinnen besteht. Er schützt und achtet auf die jungen Christen, die Christus verkörpern.

II. Der Unternehmer-Typ: Paulus

1. Der Headhunter

Ein Unternehmer wird nicht berufen. Von wem sollte er berufen werden? Es müßte jemand sein, der schon wüßte, was der Unternehmer vorhat. Das aber kommt ganz allein aus dem Innersten des Unternehmers selbst, und es kommt zu einer Zeit, in der er es nicht einmal selbst ahnt.

Zahllose Familienbetriebe tun sich momentan schwer, die Nachfolgefrage zu regeln. Ihre Existenz steht dabei auf dem Spiel. Ihr Problem ist, daß man den Sohn, die Tochter nicht einfach zum Nachfolge-Unternehmer berufen kann. Zur Übernahme des Betriebes gehört ein unternehmerischer Geist, zumindest wenn seine Lage es nicht hergibt, daß man ihn einfach nur ›weiterverwalten‹ kann. Unternehmerischer Geist aber wird anscheinend nur ganz selten vererbt. Woher aber kommt dieser Geist überhaupt?

Es hat einige Mühe gekostet, bis der Apostel Paulus zum ›Unternehmer Christi‹ geworden ist. Zunächst war er auf einer ganz anderen Spur. Er wird als Sohn eines Zeltmachers in Tarsus in Kleinasien zwischen 5 und 15 n. Chr. geboren († um 64 n. Chr.) und lernt in jungen Jahren den Beruf des Vaters.

Dann aber zieht es ihn an die Pharisäerschule nach Jerusalem. Er sitzt zu Füßen des gelehrten Gamaliel (Apostelgeschichte 22,3) und lernt, was man als junger Religionsprofi über die Tora und die Auslegung des jüdischen Gesetzes lernen mußte. Dabei läßt er es, wie er selbst einmal sagt, an Eifer nicht fehlen und übertrifft sogar seine Altersgenossen. (Galaterbrief 1,13–14) Sehr bald zeigt sich, daß er alles, was er angreift, mit höchstem Engagement und Feuer tut. Keine schlechte Voraussetzung für einen Unternehmer.

Vor allem beginnt er, die Sekte der jungen »Jesus-Bewegung« zu bekämpfen. Schon früh braucht er also einen Gegner. Unternehmer brauchen Gegner, die sie ›Konkurrenten‹ nennen, um ihre volle Kraft zu entfalten. Verwalter brauchen keine Gegner, im Gegenteil, Gegner sind ihnen suspekt.

Die Menschen der Jesus-Sekte sind dem Paulus suspekt. Zumindest eine Richtung von ihnen, die sich die »Hellenisten« nennen – griechisch sprechende Juden, wie Paulus selbst einer war. Diese sind so frei, als Anhänger der Jesus-Bewegung auch Nichtjuden in ihre Reihen aufzunehmen. Und damit beschmutzen und gefährden sie das jüdische Gesetz!

Paulus ist nicht der einzige Christenverfolger. Schon zu Lebzeiten Jesu waren die jungen Christen Anfeindungen ausgesetzt gewesen. Schließlich war Jesus selbst der Aggression der jüdischen und römischen Behörden zum Opfer gefallen. Der Haß gegen die Bewegung verstärkt sich nach Jesu Tod. Das erste Opfer der Bewegung, der erste Märtyrer, wie man die ›Blutzeugen‹ nannte, war der Diakon Stephanus. In der Beschreibung seines gewaltsamen Todes hört man zum ersten Mal von diesem jungen Mann »Saulus«, der anscheinend der Kopf der Verfolger gewesen ist. (Apostelgeschichte 7,58; Philipperbrief 3,5–6)

Paulus, der Christenverfolger, der Kopfjäger. ›Head-Hunter‹ spielen auch im Wirtschaftsleben eine wichtige Rolle. Zur Besetzung besonders herausragender Management-Stellen werden Headhunter angesetzt, um sehr gute Mitarbeiter den anderen Firmen ›abzujagen‹. Man geht davon aus, daß man sie dort nicht ohne weiteres gehen lassen würde, und daß sie auch nicht ohne weiteres gehen würden, darum werden sie gejagt.

Ähnlich geschieht es mit Paulus. Dieser Mann hat Feuer und Konsequenz, er hat Führungsqualitäten und schreckt vor nichts zurück – genau so einen brauchte Christus für die Verbreitung seiner Botschaft. Wie aber an ihn herankommen? Der Kopfjäger mußte selbst erjagt werden. Die ›Berufung‹ des *Saulus* – das ist die hebräische Form seines Namens – ist so spektakulär wie dramatisch:

»Saulus wütete immer noch mit Drohung und Mord gegen die Jünger des Herrn. Er ging zum Hohenpriester und erbat sich von ihm Briefe an die Synagogen in Damaskus, um die Anhänger des neuen Weges, Männer und Frauen, die er dort finde, zu fesseln und nach Jerusalem zu bringen. Unterwegs aber, als er sich bereits Damaskus näherte, geschah es, daß ihn plötzlich ein Licht vom Himmel umstrahlte. Er stürzte zu Boden und hörte, wie eine Stimme zu ihm sagte: Saul, Saul, warum verfolgst du mich? Er antwortete: Wer bist du, Herr? Dieser sagte: Ich bin Jesus, den du verfolgst. Steh auf und geh in die Stadt; dort wird dir gesagt werden, was du tun sollst.« (Apostelgeschichte 9,1–6)

Paulus ist nur zu stoppen durch einen Zusammenbruch. Auch Unternehmer brauchen erst den Herzinfarkt, bis sie merken, daß es nicht mehr so geht, wie sie es sich vorgestellt haben. Der Zusammenbruch aber eröffnet eine neue Perspektive, wie es mit ihrem Leben sinnvoll weitergehen kann.

2. Der Bekehrte

Unternehmer sind Bekehrte. Bin ich erst einmal zu einem Produkt, einem Waschmittel oder einem Auto ›bekehrt‹, das heißt überzeugt, daß alles, was ich vorher hatte, schlechter war, dann habe ich die besten Voraussetzungen, das Produkt zu verkaufen. Stehe ich nicht dahinter, muß ich beim Verkaufen andauernd lügen. Bei Paulus freilich hätte die Bekehrung nicht krasser ausfallen können: vom Christenverfolger zum Christus-Unternehmer, »vom Saulus zum Paulus« eben, wie wir heute noch sagen. Seine Grundenergie ist dieselbe geblieben, der Eifer, das Feuer, der Perfektionismus – nur geht sie jetzt in die völlig entgegengesetzte Richtung.

Eine Bekehrung ist nicht unproblematisch. Man kann sich schon fragen, was das für ein Mensch ist, der solch eine Wandlung, um nicht zu sagen: solch einen Bruch, in seiner Biographie aufweist. Diese Frage kommt allerdings aus dem Lager der Verwalter. Deren Karriere schwingt sich ja, wenn es gut geht, von Stufe zu Stufe nach oben, gewissermaßen geradlinig, fast berechenbar. Aber für Unternehmer ist eine ›Bruchbiographie‹ durchaus typisch. Es ist durchaus nicht so, daß die Brüche an ihm spur- und schmerzlos vorübergehen, und trotzdem *müssen* sie vollzogen werden. Die schriftlichen Zeugnisse des Paulus belegen in beeindruckender Weise, daß dem Völkerapostel der ›gestolperte‹ Beginn seines Christseins stets selbst ein heftiges Problem gewesen ist. Als er einmal die Zeugen der Auferstehung Jesu auflistet, fällt auf, in welcher Weise er sich selbst einreiht:

»Am dritten Tag ist Christus auferweckt worden, gemäß der Schrift, und erschien dem Kephas (das ist Petrus), dann den Zwölf. Danach erschien er mehr als fünfhundert Brüdern zugleich; die meisten von ihnen sind noch am Leben, einige sind entschlafen. Danach erschien er dem Jakobus, dann allen Aposteln. Als letztem von allen erschien er auch mir, dem Unerwarteten, der ›Mißgeburt‹. Denn ich bin der geringste von den Aposteln; ich bin nicht wert, Apostel genannt zu werden, weil ich die Kirche Gottes verfolgt habe.« (1. Korintherbrief 15,4–9)

Paulus empfindet sich selbst als »Mißgeburt«, ein hartes Wort. Wer sich selbst als von Anfang an mißlungen oder unerwünscht empfindet, für den ist es um so bewegender, wenn er die Erfahrung macht, daß er ab einem bestimmten Zeitpunkt gegen jede Erwartung tatsächlich erwünscht ist. Für den ist das ›Dazugehören‹ keineswegs etwas Selbstverständliches, sondern ein überaus großes Geschenk, an dem er auch andere teilhaben lassen will. Hier sitzt die Wurzel des Missionarischen. Wer schon immer dazugehört hat, hat kein großes Interesse, andere dazugehören zu machen.

Paulus schreibt weiter: »Doch durch Gottes Gnade bin ich, was ich bin, und sein gnädiges Handeln an mir ist nicht ohne Wirkung geblieben. Mehr als sie alle habe ich mich abgemüht – nicht ich, sondern die Gnade Gottes zusammen mit mir.« (1. Korintherbrief 15,10) Im Bekehrungserlebnis vor Damaskus ist die gesamte, später fein elaborierte Theologie des Paulus bereits enthalten: Nicht durch das Gesetz ist der Mensch gerechtfertigt, sondern durch Glaube und Gnade. So kann er von der Verfolgung der Christen ablassen, mit der er das Gesetz ›rein‹ halten wollte. Jetzt müht er sich für eine ganz andere Sache ab und läßt sich dabei von Gottes Gnade führen.

Den Makel empfindet Paulus nicht nur gegenüber sich selbst und Gott, sondern besonders gegenüber den anderen Jüngern. Was die Christen zusammenschweißte, war die Erfahrung der Auferstehung Jesu. Sie hatten Jesus erlebt, waren mit ihm gegangen, hatten ihn gehört. Dann hatten sie sein furchtbares Scheitern erlebt und waren überrascht von der völlig analogielosen Erfahrung: Er lebt – wieder. So daß sie den Kern ihrer Botschaft so zusammenfaßten: Der Herr ist wahrhaft auferstanden. Aber nicht nur Thomas war zunächst nicht dabei. (Siehe Johannes 20,24–29) Auch Paulus nicht. Paulus noch lange nicht. Er hat das Wesentliche nicht miterlebt. Ja, er hat Jesus selbst als irdisch Lebenden mit großer Wahrscheinlichkeit nie persönlich erlebt. Er kannte Jesus nicht im Gegensatz zu Petrus, Jakobus und Johannes, zu Andreas, Philippus, Maria, Chuza und all den anderen. Sicherlich haben Sie schon einmal jemanden begeistert über einen prominenten Menschen reden hören: »Wir haben ihn noch erlebt. Ich habe ihn noch gekannt.« Und dann kommen die Geschichten, die wahren und die fortgesponnenen. Und dann entsteht das Gefühl der Zugehörigkeit, das Gefühl, das Paulus fehlt. Wer am Anfang nicht dabei war, war nie dabei.

Als Paulus nach Jerusalem geht, trifft er Petrus, Jakobus und Johannes. Im Brief an die Galater klingt das so: »Ich ging hinauf aufgrund einer Offenbarung, legte der Gemeinde und im besonderen den ›Angesehenen‹ das Evangelium vor, das ich unter den Heiden verkündige; ich wollte sicher sein, daß ich nicht vergeblich laufe oder gelaufen bin.« (Galaterbrief 2,2) Paulus nennt nicht die Namen, die auch bei den Galatern bekannt sein dürften, sondern nennt das Führungstrio »die Angesehenen« – wohl weil sie tatsächlich

Ansehen innerhalb der Gemeinde hatten. Man kann diese Stelle aber auch als Selbstaussage lesen: Ich fühle mich nicht als Angesehener. An anderer Stelle nennt er die Angesehenen die »drei Säulen« – eine Charakterisierung, die zu Petrus, »dem Fels«, gut paßt. Auf ihnen ruht wie auf Säulen die Kirche. Paulus hingegen kam später hinzu.

Nur mühsam kristallisiert sich für Paulus heraus, daß auch er ›berufen‹ ist. Er wird nicht müde, es am Beginn seiner Briefe zu schreiben: »Paulus, durch Gottes Willen berufener Apostel Christi Jesu« (1. Korintherbrief 1,1), »Paulus, zum Apostel berufen, nicht von Menschen oder durch einen Menschen, sondern durch Jesus Christus und durch Gott, den Vater« (Galaterbrief 1,1). Die Bekehrung vor Damaskus mit der Vision des Lichtes und dem Hören der Stimme Christi berechtigen ihn dazu. Auch er ist legitimer Apostel.

Wir sehen hier das Grundproblem des Unternehmers. Der Unternehmer hat ein Problem mit dem Ansehen. Weil er nicht von Anfang an einem System zugehört, das ihm Ansehen verleiht, weil er nicht von Anfang an angeschaut und persönlich berufen wurde, fehlt ihm Wesentliches. Sein Ansehen kommt ganz aus seinen Produkten, seiner Leistung, seinem Erfolg. Im Gegensatz zum Verwalter muß er um das Ansehen kämpfen. Wahrscheinlich ist er gerade deshalb so produktiv.

Das Geheimnis des Erfolgs des Unternehmer-Menschen scheint paradoxer Weise sogar im verkorksten Anfang zu liegen. Der Schnitzer, der für den Verwalter das Ende der Karriere bedeutet hätte, ist für den Unternehmer gerade der Anfang. Paulus, der klein von Gestalt war und wahrscheinlich etwas bucklig (auch insofern un-ansehnlich), formuliert einmal, was man auch jedem Unternehmer heute ins Stammbuch schreiben könnte: »Wenn ich schwach bin, dann bin ich stark.« (2. Korintherbrief 12,10)

Ein modernes Beispiel kann die skizzierte Karrierestruktur des Unternehmertypen verdeutlichen: Joschka Fischer, der sich vom Polizistenprügler zum deutschen Außenminister verwandelt hat. Als sein makelhafter Anfang an das Licht der Öffentlichkeit kam, hatte er Mühe, sich in seiner Ministerposition zu halten. Doch viele hatten auch das Gefühl, daß wahrscheinlich genau Fischers Vorgeschichte das Potential in ihm reifen ließ, mit dem er nun sein Amt ausführt.

3. Der Visionär

Die Bekehrung des Paulus ist gleichzeitig seine Vision. Er stürzt zwar zu Boden, sieht aber sofort ein helles Licht und eine Stimme, die ihm sagt, was er von nun an tun soll. In der Geschichte heißt es weiter: »Seine Begleiter standen sprachlos da; sie hörten zwar die Stimme, sahen aber niemand. Saulus erhob sich vom Boden. Als er aber die Augen öffnete, sah er nichts. Sie nahmen ihn bei der Hand und führten ihn nach Damaskus hinein. Und er war drei Tage blind, und er aß nicht und trank nicht.« (Apostelgeschichte 9,7–9)

Im Zusammenbruch erblickt Paulus ein neues Leitbild für sein Leben. Und selbst als er bereits wieder in Damaskus ist und sich im Hause des Christen Judas regeneriert, hat er noch Visionen. Daß Paulus zunächst für einige Tage blind ist, ist verständlich. Er ist so geblendet von dem Neuen, von der neuen Erkenntnis, daß alles andere, alles Frühere in den Hintergrund tritt. Er kann es nicht mehr sehen. Es gibt nur noch dieses eine neue Licht. Die Vision ist für ihn sogar hörbar. Sie ist eine leibhaftige Begegnung mit Christus, dem Auferstandenen. Sie nimmt ihn persönlich total in Beschlag und wirkt von nun an in allen Fasern seines Lebens.

Unternehmer müssen Visionäre sein. Wenn sie nichts sehen, können sie nicht führen. Wenn sie nicht wissen, wohin die Reise geht, können sie nicht entscheiden, welche Schritte als nächste dran sind. Wenn sie nicht weiter blicken können als andere, wenn sie nicht nur den Überblick und den Durchblick, sondern ein utopisches Bild von der Zukunft haben, werden sie nichts erreichen können. Die Begleiter des Paulus sahen nichts, obwohl sie nebendran standen. Wenn der Unternehmer nicht den Riecher hat, mit dem er Zukünftiges wittern kann, das jetzt schon von Bedeutung ist, wird er scheitern. Das kann man von einem Unternehmer erwarten, daß er eine echte Vision hat, die völlig neue Wege und Maßnahmen hervorruft, die bisher noch nicht da gewesen sind. Und niemand verbürgt sich dafür oder kann sich auf wissenschaftliche Daten dabei stützen, als nur er selbst, in seiner Person, mit seiner Vision.

Viele Visionen von Unternehmern entwickeln sich mit der Zeit zu ›Visiönchen‹, und nur wenige haben wirklich Substanz. Wahrscheinlich gibt es auch in Wirklichkeit gar nicht viele Unternehmer. Martin Luther King mit seinem Traum vom friedlichen Zusammenleben der Rassen war so einer, Mutter Teresa mit ihrem Traum, daß alle Menschen in Würde sterben können müssen. Auch Max Grundig sah immer voraus und ebenso Heinz Nixdorf. Der Traum muß so übermächtig sein, daß er sich im Unternehmer quasi wie von selbst in die Tat umsetzt.

Man kann lange in Gruppen Leitbilder entwickeln, wenn es nicht Menschen gibt, die diese Bilder ›verkörpern‹. Wenn nicht jemand die Vision wirklich gehabt hat, werden solche Prozesse langfristig nichts nutzen. Wahrscheinlich hat auch nur in den seltensten Fällen eine Gruppe als Ganze eine Vision, eher ein einzelner.

Paulus ist nur drei Tage lang blind (dieselbe Zeit, in der sein Meister vom Tod zum Leben gegangen ist), danach aber kann er wieder sehen, danach ißt und trinkt er, und dann zögert er keine Sekunde, seine Vision umzusetzen. Hananias, dem Gott ebenfalls in einer Vision Saulus gezeigt hat, macht sich auf den Weg, um Paulus die Hände aufzulegen und von seiner Blindheit zu erlösen. Quasi traumwandlerisch kommt hier Vision zu Vision, beginnt sich der Traum in Wirklichkeit zu verwandeln. Paulus soll, so Hananias, Gottes »auserwähltes Werkzeug werden« (Apostelgeschichte 9,15–18). Er werde aber auch sehen, »wieviel er für Jesu Namen leiden müsse«. Auch dazu ist Paulus bereit. »Er stand auf und ließ sich taufen.« Er beginnt sofort mit der Verkündigung in den Synagogen, und als er daran gehindert wird, wird er bei Nacht und Nebel in einem Korb an der Stadtmauer von Damaskus herabgelassen. Jetzt kann ihn nichts mehr aufhalten.

Wie kommt der Unternehmer zu Visionen? Wie kommt er zu echten, tiefen Visionen? Die Frage ist schwer zu beantworten. Soviel aber kann man wohl sagen, daß man nichts so wenig ›machen‹ kann wie eine Vision. Das ist eine besondere Herausforderung für einen Manager, für einen Macher. Auch Paulus war ein ›Macher‹. Deshalb wurde er quasi von außen zu Boden gestürzt, auf den eigentlichen Boden der Tatsachen. Visionen sind nichts Abgehobenes, sondern die eigentliche, und damit eine neue Sicht der Wirklichkeit. Visionen bekommt man geschenkt, ›aus Gnade‹. Man sieht etwas, vielleicht ganz unerwartet – und weiß, wie man es zu machen hat. Vielleicht sind gerade Mißerfolg, Krankheit, eine Ausweglosigkeit der Nährboden, auf dem eine Vision wachsen kann. Sich hier unter Druck zu setzen, hat keinen Sinn. Man könnte sagen: entweder du hast sie oder du hast sie nicht. Aber man kann natürlich offen sein für Visionen oder sich verschließen. Wenn ich bereits im Kleinen und Alltäglichen meinen Intuitionen traue, auch wenn sie mich einmal gegen das Gewohnte und das Establishment bringen, kann sich

Schritt für Schritt ein Feld entwickeln, in dem ich offen werde für größere und langfristigere Einsichten.

Wer »nichts sehen kann«, dem sei zum Trost gesagt, daß man Visionen nicht immer als ›Gnade‹ empfindet, sondern auch als Last und sehr schmerzhaft. Niemand sonst sieht, was man selbst sieht. So steht man in großen Spannungen und muß unter Umständen aus der angestammten Umgebung fliehen, dorthin wo man die Vision realisieren kann.

Wenn jemand in einer Gruppe eine Vision hat, sollte man das nicht verachten. Eine Vision ist auch ein Geschenk für eine ganze Gruppe oder Gemeinschaft. Der Verwalter der Gruppe sollte das wissen. Er sollte sich darüber nicht lustig machen, sich nicht überheben, keine Angst davor haben; er sollte dankbar sein, wenn jemand aus seiner Gruppe etwas gesehen hat, wohin es mit der Gruppe gehen könnte. Ein Kriterium ist freilich, ob derjenige aus sich die Kraft aufbringt, die Vision auch umzusetzen. Ich glaube, daß Programme zur Unterstützung von Existenzgründungen und Jungunternehmern oft eher Verwaltertum fördern als den Unternehmergeist. Die Vision ist stark genug, Mittel – wenn auch unter Entbehrungen – an sich zu ziehen.

Natürlich gibt es auch Luftikusse unter den Unternehmern, die gar keine reale und realisierbare Vision haben, sondern anderen vorgaukeln, sie hätten eine. Wer dann der Fata Morgana folgt, wird später dafür bestraft. So ist das mit Unternehmern, du weißt nie, ob du ihnen trauen kannst. Manchmal wissen sie es selbst nicht.

4. Der Tausendsassa

Paulus kann alles. Einmal sagt er über sich selbst: »Allen bin ich alles geworden.« (1. Korintherbrief 9,22) Ein Unternehmer muß alles können. Er weiß ja nicht bereits im voraus, was auf ihn zukommen wird. Es gibt keinen ›Vorgang‹, den er hochleben lassen könnte, nichts Vorausgegangenes, das ihm die Möglichkeit zu analogem und vorbereitendem Verhalten geben würde. Oft können Unternehmer nicht wirklich alles – wer kann im Ernst alles? –, aber sie sind fähig und haben Freude daran, Dinge schnell zu lernen. Wenn es darum geht, diese dann länger auszuführen, finden sie Menschen, Verwalter, die für die Dauerhaftigkeit sorgen. Unternehmer haben Lust, Neues auszuprobieren, und weil sie das ständig tun, bekommen sie im Laufe der Zeit Erfahrung damit, wie man ganz allgemein Neues angeht.

Paulus ist auch in dieser Hinsicht ein Unternehmer. Von Haus aus ist er Tuchmacher, also Handwerker. In der Handelsstadt Tarsus in Kilikien lernt er im Geschäft seines Vaters nicht nur die Handarbeit, sondern auch das Handeln. Als Händler wiederum kennt er Menschen aus fremden Gegenden und sucht diese auf. Von seiner Ausbildung in der Schule der jüdischen Pharisäer in Jerusalem sprachen wir bereits. Indem Paulus, von Haus aus in der Familie eines Diasporajuden stark religiös geprägt, nun die Feinheiten der jüdischen Religion kennenlernt, werden seine handwerklichen und unternehmerischen Grundfähigkeiten durch ein Studium veredelt. Nun kann er sich auch geistig auseinandersetzen. Er erwirbt durch die theologische Ausrichtung einen Sinnhorizont, der ihn zum Handeln motivieren kann. Ein Unternehmer braucht Allgemeinbildung, Philosophie – nicht unbedingt ein abgeschlossenes Studium, aber einen breiten geistigen Horizont.

Der Tausendsassa Paulus ist darüber hinaus sehr sprachbegabt. Im Gegensatz zu Petrus spricht er mindestens drei Sprachen fließend: Griechisch, seine Muttersprache, Lateinisch, die Verkehrssprache, die heute mit dem Englischen vergleichbar wäre und Hebräisch, das er als Pharisäer braucht. Mit großer Wahrscheinlichkeit kann er auch Aramäisch, die Sprache Jesu und seiner Gefährten. Als Unternehmer ist es von größtem Nutzen, verschiedene Sprachen zu beherrschen. Sprachen schließen Märkte auf. Wenn ich mich nicht verständigen kann, bleiben Märkte verschlossen. Wer allen alles werden will, muß natürlich ihre Sprachen sprechen können. Man darf nicht nur keine Scheu davor haben, mit verschiedenen Sprachen zu operieren, es muß einem Freude machen.

Man könnte noch Kommunikationsfreudigkeit, Widerstandskraft, rhetorische Fähigkeiten und viele andere Talente hinzufügen, die Paulus geschenkt waren. Er besitzt damit optimale Voraussetzungen für das Projekt, den Glauben an Jesus weiter hinauszutragen als nur bis zum nächsten Seeufer Galiläas. Das ›Allen-Alles-Werden‹ ist zwar ein altmodischer Ausdruck, beinhaltet aber ein Grundprinzip jeden Marketings. Nur wer sich einfühlen kann in das, was die ›Zielgruppe‹ braucht, kann ihr das geben, was ihr entspricht. Dazu aber muß ich selbst zu ähnlichem in der Lage sein. Der Nachteil: Unternehmer können zwar alles, aber nichts ›richtig‹. Die Bereiche, in denen Unternehmer erfolgreich wurden, sind oft nicht die, zu denen sie ursprünglich ausgebildet waren. Genau das aber verschafft ihnen die Offenheit, es von anderen zu ›erfühlen‹, was jetzt wichtig ist. Reduziert man die Tätigkeit des Unternehmers einmal auf das Verkaufen, bedeutet das: Er kann alles verkaufen, egal was es ist. Ob es der Staubsauger ist oder das Buch, das Schmuckstück oder die Instant-Suppe: Er wird die richtigen Worte finden, um sie schmackhaft zu machen, in der jeweiligen Situation.

Das Problem des Petrus und des Verwalters ist, daß er kein Profil hat, weil er ›nur‹ treu, anhänglich und loyal ist. Das Problem des Paulus und des Unternehmers ist das Gefühl, kein Ansehen zu haben. Er hat zwar Profil, ja er hat viele Profile: Er hat *zu* viele Profile. Seine Persönlichkeit droht ständig in verschiedene Facetten auseinanderzufallen. Petrus ist dazu viel zu einfältig. Die Idealisierung des Unternehmers in unseren Tagen entspricht der Zerrissenheit vieler Menschen heute, die sich in den verschiedenen Welten, in denen sie sich bewegen, oft selbst verlieren. Die Persönlichkeit des Unternehmers ruft wie von innen heraus nach der Ergänzung durch den Verwalter, der die Kontinuität für ihn schafft oder das Tempo seiner Unternehmungen so reduziert, daß der Unternehmer sich nicht übernimmt. Sie ruft nach einem Menschen, der durch den ständigen Rückbezug auf das Vergangene einen roten Faden in den Unternehmungen stiftet.

Wer ist Paulus? Im seinem zweiten Brief an die Korinther rekapituliert er:

»Sie sind Hebräer – ich auch. Sie sind Israeliten – ich auch. Sie sind Nachkommen Abrahams – ich auch. Sie sind Diener Christi – jetzt rede ich ganz unvernünftig –, ich noch mehr: Ich ertrug mehr Mühsal, war häufiger im Gefängnis, wurde mehr geschlagen, war oft in Todesgefahr. Fünfmal erhielt ich von Juden die neununddreißig Hiebe; dreimal wurde ich ausgepeitscht, einmal gesteinigt, dreimal erlitt ich Schiffbruch, eine Nacht und einen Tag trieb ich auf hoher See. Ich war oft auf Reisen, gefährdet durch Flüsse, gefährdet durch Räuber, gefährdet durch das eigene Volk, gefährdet durch Heiden, gefährdet in der Stadt, gefährdet in der Wüste, gefährdet auf dem Meer, gefährdet durch falsche Brüder. Ich erduldete Mühsal und Plage, durchwachte viele Nächte, ertrug Hunger und Durst, häufiges Fasten, Kälte und Blöße. Um von allem andern zu schweigen, weise ich noch auf den täglichen Andrang zu mir und die Sorge für alle Gemeinden hin. Wer leidet unter seiner Schwachheit, ohne daß ich mit ihm leide? Wer kommt zu Fall, ohne daß ich von Sorge verzehrt werde?« (2. Korintherbrief 11,22–29)

Hier erzählt nicht Münchhausen, die historische und die exegetische Forschung belegen, daß Paulus all das mit großer Wahrscheinlichkeit erlebt und erlitten hat. Es ist wirklich ganz unglaublich, was ein Unternehmer alles erlebt im Lauf seines Lebens. Wer also ist Paulus?

Paulus ist ein ›Hochbegabter‹ und hat die typischen Probleme eines Hochbegabten. Bei der Studienstiftung des Deutschen Volkes wurde einmal ein ›idealer Studienstiftler‹ entworfen. Er konnte unter Wasser Geige spielen und dabei Homer zitieren. Die Seele von Hochbegabten ist ›unbehaust‹; sie tun sich schwer mit Beziehungen und sind oft einsam. Dieses Leiden aber macht sie fähig zu echter Einfühlsamkeit, zum Mitgehen und Mitleiden mit der Schwäche anderer. Sind sie auch aufgrund ihrer hohen Begabung für viele unheimlich, so sind sie doch im Grunde ›sympathisch‹ im ursprünglichsten Sinn des Wortes.

Unternehmer können die Bedürfnisse der Menschen sehr wach wahrnehmen, sie haben für die Menschen ein feines Gespür. Der Buchhändler einer konfessionellen Buchhandlung erzählte mir einmal, daß neuerdings auch Lehrer der nahegelegenen Schule der anderen Konfession zu ihm kämen und einkauften. Er – dem wahrscheinlich das Wasser wirtschaftlich bis zum Hals stand – echauffierte sich darüber: »Die kommen ja nur, weil die Buchhandlung so nahe ist, weil sie für sie um die Ecke liegt. Im Grunde sind sie zu faul, in die weiter entfernte Buchhandlung ihrer Konfession zu gehen...« Das ist natürlich nicht unternehmerisch gedacht. Ein Unternehmer würde das Bedürfnis der Lehrer unbewertet lassen: Wenn sie einen kurzen Weg zum Laden brauchen – gut! Um so besser für mich! Der Unternehmer erhebt sich nicht über das Bedürfnis der Menschen (er lebt ja davon!). Im Gegenteil, ob niedrige oder scheinbar höhere Bedürfnisse, es sind die Bedürfnisse der Menschen. Hier steht der Unternehmer bei den Menschen, auf einer Stufe mit ihnen. Verwalter erheben sich leichter, weil sie ja von der Hierarchie leben.

Der Buchhändler fühlt und denkt mehr als Verwalter als als Unternehmer. Er fühlt sich in voller Übereinstimmung mit seiner konfessionellen Zugehörigkeit und daher zu diesem Urteil veranlaßt. Die Zugehörigkeit steht bei ihm in diesem Moment im Vordergrund vor dem möglichen Zugewinn. Um einen Lehrer aber zu verstehen – ob er nun evangelisch oder katholisch ist –, der lieber um die Ecke geht um einzukaufen, muß man »dem Lehrer ein Lehrer geworden« sein. Man muß wissen, wie kurz Freistunden und wie kostbar die Pausen sind. Und man muß, wenn schon nicht bei sich selbst,

so doch bei anderen wahrgenommen haben, daß Bequem-
lichkeit beim Einkaufen eine wichtige Rolle spielt.

5. Der dazugewinnt

Nun sind wir beim Grundwort des Unternehmers angelangt. Während der Verwalter vom ›Dazugehören‹ lebt, lebt der Unternehmer vom ›Dazugewinnen‹. Viele Menschen regen sich darüber auf, wenn regelmäßig das Wirtschaftswachstum eines Landes gemessen wird. Sie wundern sich über diese Fixierung auf Wachstum: Die Stagnation wird als ›Null-Wachstum‹ und das Abnehmen als ›Minus-Wachstum‹ schöngeredet. Wo in der Natur gibt es etwas, das immer nur wächst? Sitzen die Unternehmer nicht einem völlig unnatürlichen Mißverständnis auf, das sie dazu verleitet, die Natur und auch den Menschen immer weiter auszubeuten?

Daß dieser Vorwurf der Verwalter an die Unternehmer nur zum Teil trifft, belegt die Beobachtung, daß Unternehmer ja ohne weiteres nicht nur auf der Wachstumsspur sein können, sondern ebenso keine Probleme damit haben, Unternehmenszweige abzuschneiden. Unternehmer können wachsen lassen und sterben lassen. Letzteres ist auch Bestandteil der Natur. Und manchmal entwickelt sich ein Baum organischer, wenn man ihn einmal beschneidet.

Verwalter glauben, daß das ›Dazugewinnen‹ des Unternehmers eigentlich nichts anderes ist, als ›Sich-Bereichern‹. Sie übertragen dabei allerdings ihr ›Persönliches‹, das ihre besondere Stärke ist, auf den Unternehmer. Natürlich gibt es Unternehmer – sicher nicht zu wenige! –, die sich durch Dazugewinnen persönlich bereichern. Aber eigentlich geht es dem Unternehmer-Typen erst einmal um den objektiven Zugewinn selbst. Paulus ist persönlich immer sehr bescheiden geblieben. Er spricht einmal davon, daß, wer arbeite, auch ein Recht habe zu essen. (1. Korintherbrief 9,4–6) Die Grundbedürfnisse sollten demnach schon durch den Gewinn gedeckt werden können.

In den Spielarten des ›Dazugewinnens‹ ist der Unternehmer erfinderisch. Zugewinn kann in räumlicher, zeitlicher, quantitativer oder qualitativer Hinsicht geschehen. Vielleicht rechnet sich die Herstellung eines Produktes nicht mehr (und belastet so wirtschaftlich das gesamte Unternehmen), es ist aber für den Ruf und das Image des Unternehmens so wichtig, daß die Fortführung der Herstellung einen echten Zugewinn für das Geschäft bedeutet. So vielfältig wie sich Zugehörigkeit gestalten und strukturieren kann, so vielfältig ebenso Zugewinn.

Daß es Paulus ums Gewinnen geht, schreibt er ohne Umschweife:

»Wißt ihr nicht, daß die Läufer im Stadion zwar alle laufen, aber daß nur einer den Siegespreis gewinnt? Lauft so, daß ihr ihn gewinnt. Jeder Wettkämpfer lebt aber völlig enthaltsam; jene tun dies, um einen vergänglichen, wir aber, um einen unvergänglichen Siegeskranz zu gewinnen. Darum laufe ich nicht wie einer, der ziellos läuft, und kämpfe mit der Faust nicht wie einer, der in die Luft schlägt; vielmehr züchtige und unterwerfe ich meinen Leib, damit ich nicht anderen predige und selbst verworfen werde.« (1. Korintherbrief 9,24–27)

Der Unternehmer Paulus bereichert sich nicht selbst, sondern bleibt bescheiden und enthaltsam. Aber er will gewinnen. Das unterscheidet ihn durchaus von vielen Christen heute. Für sie hat ›Gewinnen‹ etwas Anrüchiges. Die Welt und ihre Ellenbogen sind schon böse genug. Heißt es nicht bei Jesus: »Wer sein Leben verliert, wird es gewinnen...«? (Matthäus 10,39) Daß es Paulus durchaus um den Einsatz des ganzen Lebens geht, geht aus dem Korintherzitat deutlich hervor. Und trotzdem bleibt Paulus vielen Christen unsympathisch. Er ist so ehrgeizig, so männlich. Ist er nicht irgendwie brutal? Die Christen, die so denken, vergessen, daß es sie ohne Paulus wahrscheinlich nie gegeben hätte, weil die Christenbewegung nie über die Jersualemer Stadtmauern und den See Genesareth hinausgekommen wäre.

6. Der eine Mission hat

Für den Unternehmer sind Zahlen wichtig. Er freut sich an hohen Zahlen. Er hat keine Angst davor. In der Bilanz zählt nicht nur der Umsatz, sondern besonders der Gewinn. Gewinn läßt sich dabei wie gesagt je nach den Geschäftszielen unterschiedlich definieren. Für Paulus heißt Gewinn zunächst einmal Raumgewinn. Das klingt heute, in einer globalisierten Welt, in der es kaum noch nicht-christliche Flecken auf der Landkarte gibt, natürlich verdächtig imperialistisch. Während Unternehmer problemlos von ihrer ›Mission‹ sprechen und fast etwas neidisch auf die Christen schauen, deren ›Mission‹, wie sie meinen, doch klar sein müßte, wird sogar von den Christen selbst dieses Wort lieber gemieden.

Für die frühen Christen ist es eine überwältigende Erfahrung, daß ihr Glaube sogar in völlig anderen Regionen und Kulturen Fuß fassen kann. Und für Paulus heißt Zugewinn (er schreibt darüber allerdings nie offen) der Gewinn von Menschen. Das dürfte auch Petrus nicht unvertraut gewesen sein, der vom Herrn den Auftrag des Menschenfischens erhalten hat.

In einer Meinungsumfrage des Allensbacher Instituts unter Katholiken kam heraus, daß die Katholiken von ihrer Glaubensgemeinschaft selbst keine wesentlichen Impulse für die Gestaltung der Zukunft mehr erwarten. Das ist ein verheerender Befund. Die Christen haben ihre Mission verloren. Die ›Mission‹ einer Gruppe ist die Umsetzung ihrer Vision in die Realität der Menschen. Entweder haben die Katholiken den Kontakt zu den Menschen verloren oder sie nehmen ihre

Vision nicht mehr ernst. In jedem Fall nehmen sie sich selbst als Christen nicht ernst.

»Wovon das Herz voll ist, davon redet der Mund«, heißt es einmal im Lukasevangelium (6,45). Stellen Sie sich einmal vor, Sie hätte die Weltformel gefunden, die Ihr Leben verwandelt und völlig neu lebenswert macht: Würden Sie anderen nicht davon erzählen und versuchen, ihnen diese Formel ebenfalls schmackhaft zu machen?

Paulus hat in seiner Mission immer die Freiheit des einzelnen berücksichtigt: »Zur Freiheit hat uns Christus befreit«, sagt er im Galaterbrief, und »Zur Freiheit seid ihr berufen« (Galaterbrief 5,1.13 und an anderen Stellen). Selbst ein schlechter Geschäftsmann weiß, daß er die Freiheit des Konsumenten nur für eine Weile einschränken und vernebeln kann und darf. Im Letzten wird ihm der Kunde nur erhalten bleiben, wenn er das Produkt frei auswählen kann. Mission muß also gar nichts Imperialistisches an sich haben.

Daß es den Christen selbst anscheinend nicht leicht fällt, zu ihrer Mission zu finden, kann ein Trost für Unternehmer sein, die sich fragen, wie sie zu ihrer Mission kommen sollen. Aber ohne Mission geht es nicht.

7. Der Unternehmungslustige

Joschka Fischer nennt sein Buch bezeichnender Weise »Mein langer Lauf zu mir selbst«. Tatsächlich, die Grundbewegungsform des Unternehmers ist das Laufen. Der Verwalter sitzt, der Unternehmer läuft. Verwalter sind oft ›Sitzriesen‹, das heißt, sie haben kurze Beine und einen langen Oberkörper. Unternehmer haben eher lange Beine, mit denen sie schneller laufen können. Unternehmer sind immer in Bewegung. »Haltet fest am Wort des Lebens, mir zum Ruhm für den Tag Christi, damit ich nicht vergeblich gelaufen bin oder mich umsonst abgemüht habe.« (Philipperbrief 2,16) Von der Vorliebe des Paulus für das Laufen haben wir bereits mehrfach gehört. Der Unternehmer nennt seine Gegner nicht ›Feinde‹, sondern ›Konkurrenten‹, das bedeutet ›Mitlaufende‹. Auch sie laufen, man läuft gemeinsam. Man läuft um den einen Siegespreis, den aber nur einer gewinnen kann. Unterwegs kann man von der Konkurrenz viel lernen. Entscheidend jedoch ist, wer schneller ist.

Paulus ist immer in Bewegung. Nach seiner Bekehrung zieht er sich eine kurze Zeit zur Besinnung in die Wüste zurück. Dann aber bricht er auf zu seinen berühmten Missionsreisen. Von Anfang an war seine Berufung verknüpft mit einem konkreten Auftrag: »Er (Paulus) soll meinen Namen vor Völker und Könige und die Kinder Israels tragen.« (Apostelgeschichte 9,15) Sein Leben lang ist er dann als Handelsreisender in Sachen Jesu Christi unterwegs. Während »die Säulen« den Innendienst übernehmen, machte sich Paulus mit seinen Begleitern als Außendienst auf die Reise. Nicht blindlings suchte er neue Märkte, sondern wie ein guter Unternehmer tastet er sich von Markt zu Markt vor.

Zunächst fährt er auf die Insel Zypern und bewegt sich dann im kleinasiatischen Raum fort, was ungefähr dem Süden der heutigen Türkei entspricht. Seine sogenannte zweite Reise führt ihn abermals nach Kleinasien, diesmal aber auf dem Landweg. Die Entscheidung, bei Troas herüber nach Europa zu gehen, läutet eine neue Dimension seiner Unternehmungen ein. Jetzt liegt ihm der ›griechische Markt‹ zu Füßen. Die dritte Reise führt noch einmal in den griechischen Raum. Als Gefangener der römischen Behörden schließlich gelangt er per Schiff nach Rom, was er aber auch im Rahmen der Möglichkeiten für seine Mission ausnutzen kann. Schließlich will er auch noch bis nach Spanien kommen, was einer Ausbreitung über den gesamten Markt des Römischen Reiches gleichgekommen wäre. Das aber ist ihm anscheinend nicht mehr möglich gewesen.

Was diese Reisen bedeuteten, können wir nur ahnen. Paulus selbst spricht es an, wie wir oben hörten. Von den Entbehrungen des Reisens selbst abgesehen, sieht er sich immer wieder aufgrund seiner Botschaft Feindseligkeiten ausgesetzt. Gleichzeitig plagt ihn die Sorge um die bereits gegründeten Gemeinden. Diese Unternehmungen waren wirklich lebensgefährliche Abenteuer.

Unternehmer sind – das ist fast eine banale Feststellung – unternehmungslustig. Sie haben Freude an Unternehmungen, auch wenn sie mit Entbehrungen verbunden sind. Sie bleiben nicht am Kamin sitzen, sondern sie machen sich auf den Weg, immer weiter und immer weiter. Wenn man solch einen rastlosen Menschen von außen betrachtet, könnte man fragen: Was motiviert ihn eigentlich dazu? Denn irgendeinen Motor muß diese Bewegung haben.

Ein weiteres Merkmal zeichnet Paulus den Unternehmungslustigen aus. Während ein Verwalter gut ›abgeben‹ kann an eine andere Abteilung, so versucht der Unternehmer alles irgendwie selbst zu machen oder selbst in der Hand zu haben. Von daher ist das Bemühen des Paulus verständlich, niemandem zur Last zu fallen, selbst zu arbeiten und autark zu bleiben: »Ihr erinnert euch, Brüder, wie wir uns gemüht und geplagt haben. Bei Tag und Nacht haben wir gearbeitet, um keinem von euch zur Last zu fallen, und haben euch so das Evangelium Gottes verkündet.« (1. Thessalonicherbrief 2,9 und öfter) Die Selbständigkeit bedeutet für den Unternehmer Unabhängigkeit, und Unabhängigkeit läßt ihn flexibler und beweglicher sein. Die Flexibilität braucht er, um auf die Bedürfnisse des Marktes besser reagieren zu können. Was man selbst kann, sollte man auch selbst machen. In diesem Sinn ist Outsourcing nicht der Beginn unternehmerischen Geistes, sondern sein Ende.

8. Der Draufgänger

Verwalter glauben, daß Unternehmer keine Angst haben. Sie beneiden sie darum. Aber in Wirklichkeit ist es nicht so, auch Unternehmer haben Angst. Sie gehen nur anders mit der Angst um.

Petrus wird in den Evangelien nicht nur als der Mutige gezeigt, der auf Jesu Geheiß aufs Wasser geht, sondern auch als der Ängstliche. Als der Herr ankündigt, daß er leiden müßte und umgebracht werde, ruft Petrus spontan: »Nie, Herr!« Natürlich hat er Angst, um Jesus und um sich und die Jünger. Eine menschliche Reaktion. Petrus weicht zurück, wenn er Angst hat. Das wird auch deutlich, als er – immerhin als einziger – Jesus in das Anwesen des Hohenpriesters folgt, um den Prozeß um Jesus aus größerer Nähe verfolgen zu können. Jesus unmittelbar zu begleiten, gelingt ihm nicht, wie wir schon gesehen haben. Als er aber von mehreren Personen auf seine Zugehörigkeit zu Jesus angesprochen wird, leugnet er und macht sich davon. Verwalter-Typen brauchen die Sicherheit, vor Drohendem weichen sie eher zurück.

Ganz anders Unternehmer-Typen: Wenn sie es mit der Angst zu tun bekommen, dann stürzen sie sich in die Angst hinein. Sie sind ›Draufgänger‹. Für Verwalter sieht es so aus, als hätten Unternehmer keine Angst, weil sie sich keinen anderen Umgang mit der Angst vorstellen können als ihren eigenen. Wer nicht weicht, wird keine Angst haben. Draufgänger haben aber natürlich ebenso Angst. Sie reden allerdings nicht darüber. Sie gehen auf die Angst ›drauf‹, was prinzipiell nicht besser oder schlechter ist, als vor ihr zu weichen.

Es gibt beim Draufgänger den erlösten und den unerlösten Typ. Dem *Unerlösten* ist das Draufgehen eine Mechanik. Er kann nicht anders als draufgehen. Das ist natürlich gefährlich, denn dabei kann man selbst ›draufgehen‹. Wer nur diesen Umgang mit der Angst kennt, gefährdet sich und andere. Weil er die Angst in sich selbst nicht wahrnimmt, schickt er andere in gefährliche Situationen. Oder er macht anderen Angst. Das war Paulus in seiner Frühzeit, als er die Christen verfolgte.

Der *erlöste* Typ geht immer noch drauf, aber er weiß was er tut. Er tut es nicht um jeden Preis. Er tut es nicht, um mutwillig sich oder anderen zu schaden. Aber er braucht dennoch irgendwie die Angst, um sich vorwärts zu bewegen. Er braucht den ›Kitzel‹, die Angst soll ihn nicht ängstigen, sondern kitzeln. Die Angst ist ein Motor für den Unternehmungslustigen und den Unternehmer. Der Unternehmer hat zwar einen Plan, wieviel Umsatz er in diesem Monat machen will, wieviel Umsatz er machen muß, um seine Mitarbeiter und die Miete bezahlen zu können, doch ob er das Ziel erreichen wird? Ob er das Jahresziel erreichen wird? So gibt es für ihn nur noch eins: Laufen – und zwar nach vorne! Wer mitläuft, ist Konkurrent, der ihn nur noch schneller macht.

Ob sein Produkt so ankommt, wie er es sich vorstellt? Ob der Markt es abnimmt? Ob die Konsumenten genug Mittel haben, es abzunehmen? Ob die äußeren Faktoren wie Wetter, weltwirtschaftliche Lage und so weiter mitspielen? Unternehmer sein heißt Abenteurer sein. Der wirkliche Unternehmer kennt die Angst.

Während die Angst den Unternehmer in Bewegung bringt, lähmt sie den Verwalter. Der Verwalter braucht wirklich den geschützten Raum, der Unternehmer braucht die gefährliche Herausforderung. Allerdings ist es ein Irrtum der Verwalter, wenn sie glauben, wenn man nichts mehr riskierte, würde es sicherer auch für sie. Jede Gruppe muß etwas riskieren, sonst schnürt sie sich ein, und es entsteht alles andere als Sicherheit. Wer die Unternehmer da ausbremst, bremst auch die Verwalter aus. Denn Unternehmer übernehmen für die Gruppe den Dienst des Draufgehens.

9. Der Unverheiratete

»Wer seine Jungfrau heiratet, handelt richtig, doch wer sie nicht heiratet, handelt besser.« (1. Korintherbrief 7,38) Viele glauben, daß die Verklemmung der Kirche in Bezug auf die Sexualität doch wesentlich bei Paulus ihren Ursprung hat. Man wirft ihm vor, frauenfeindlich gewesen zu sein und zieht dabei Zitate heran, in denen er (gemäß der damaligen Tradition) rät, Frauen sollten im Gottesdienst schweigen und so weiter. Inzwischen weiß man, daß Paulus besonders in seiner Frühzeit den Impuls Jesu nach echter Gleichberechtigung voll aufgenommen hat, er sich in den Gemeinden aber nur zum Teil durchsetzen konnte. Paulus kennt Diakoninnen und schreibt im Galaterbrief: »Nun gibt es nicht mehr Mann und Frau.« Trotzdem – auch als Ideologe des Zölibats (siehe das Zitat oben) ist er nicht gerade beliebt. So wenig wie das Zölibat selbst heutzutage beliebt ist. Der Völkerapostel selbst war unverheiratet, und er räsoniert: »Ich wünschte, alle Menschen wären unverheiratet so wie ich.« (1. Korintherbrief 7,7)

Mich überraschte einmal ein Gast unseres Klosters, mit dem ich mich über die Frage der Ehelosigkeit der Mönche unterhielt. Er sagte: »Ich verstehe überhaupt nicht, warum ihr in der Kirche solche Probleme habt, den Menschen den Zölibat plausibel zu machen. 1/3 aller Deutschen lebt doch zölibatär!« – »Wie bitte?« war meine verdutzte Antwort. »Nicht enthaltsam vielleicht, aber ehelos. Ich denke an die vielen Singles, die nicht nur aus Not, sondern ganz bewußt alleine, ohne feste Beziehung leben. Sie versprechen sich daraus Vorteile. Ich denke vor allem an die vielen, die um ihrer Karriere willen auf eine feste Partnerschaft verzichten. Wenn man heute in einem Unternehmen Erfolg haben will, muß man absolut flexibel sein. Vielleicht schickt einen der Chef schon morgen nach New York. Wenn man da mit Frau und Kindern zu argumentieren beginnt, hat man schon verloren. Ein berufliches Leben mit seinen strengen Anforderungen verträgt keine festen Beziehungen. Nicht nur, daß man es sich selbst nicht antun möchte. Man will auch den möglichen Partner schonen, ihm keine falschen Hoffnungen machen oder enttäuschen müssen.«

Wer unternehmerisch eingestellt ist, der wirft alles nach vorne, da wo es gerade möglich ist, und da ist jedes Zurückschauen, ja jede Rücksicht auf Menschen in seiner Nähe hinderlich. Man möchte geradezu niemanden in solch ein Abenteuer hineinziehen. Man kann es nicht verantworten. Der Unternehmer ist heute hier, morgen dort, heute ist dies von ihm gefordert, morgen das, alles was ihn bindet, ist nur hinderlich, und nichts bindet mehr als ein Mensch, ein vertrauter Mensch, ein geliebter Mensch.

»O ist das ein einsames Leben«, mag es nun aus dem Verwalterlager schallen – nicht unbedingt. Was dem Unternehmer täglich neu und aufregend begegnet, woran er dabei sein Herz, wenn auch nur kurzfristig, binden kann, das kann mindestens so erfüllend sein, vielleicht sogar noch erfüllender. Böse Zungen sagen übrigens: Zölibatär lebende Menschen sind eigentlich verkappte Polygame.

Der Unternehmer, die Unternehmerin ist qua Typ unverheiratet. Wir sind uns klar: Wir sprechen nicht über konkrete Unternehmer und Unternehmerinnen. Wie viele gute Unternehmer gibt es, die verheiratet sind, und es geht gut –

in der Ehe und im Unternehmen. Und beides befruchtet sich gegenseitig. Nur der Typ des ›reinen Unternehmers‹, der muß frei sein. Deshalb ist es für Paulus besser, ›so zu sein‹.

Wer nicht in einer festen Beziehung lebt, dem fehlt etwas. Das bemerken vor allem die, die in einer festen Beziehung leben. Ihm haftet an manchen Punkten etwas Asoziales an. In gewisser Weise denkt er nur an sich und bezieht in sein Denken nur selten einen anderen mit ein. Er ist nicht gewohnt, zu zweit oder zu mehreren zu denken. Er kann nicht so leicht zurückstecken. Er kennt nicht den Gewinn, den man haben kann, wenn man verzichtet für einen anderen Menschen. Doch für den Unternehmertyp ist das in Ordnung. Er braucht genau diese Qualität für seine Arbeit. Sonst könnte er nicht unternehmerisch tätig sein. Mit der Zeit aber erstirbt tatsächlich eine bestimmte Art von Beziehungsfähigkeit, nämlich die, die sich auf Menschen richtet, die sich auf einen Menschen richtet. Unternehmer sind im Grunde beziehungsunfähig.

Man kann also bereits, ohne die Religion zu bemühen, bei vielen Menschen eine bewußte oder halbbewußte Motivation für zölibatäres Leben feststellen. Man verzichtet auf eine Art der Bindung zugunsten eines anderen Gutes. Dieses kann wiederum vielen Menschen zu Gute kommen. Bei Paulus liegt die Motivation noch tiefer. Die frühen Christen seiner Tage haben das Wort Jesu ernst genommen, daß diese Weltzeit schon bald vorbeiginge und man sich auf das »Wiederkommen des Herrn« vorbereiten sollte, wenn nämlich ein neuer Himmel und eine neue Erde anbricht. Diese sogenannte ›Naherwartung‹ prägte besonders den Apostel Paulus. Sie war sein eigentliches Movens. Die oben zitierte Stelle zeigt, daß

Paulus nichts gegen Frauen hatte, ganz und gar nicht. Er lebte nur in der Einstellung: »Bleibe so, wie Du bist, und fang in Deiner Lebensform nichts fundamental Neues an, da schon am nächsten Tag alles vorbei sein kann.« Um aber bereit zu sein, um wach zu sein, ist das Ungebundensein besonders vorteilhaft. Man hat sich die letzten Tage der Weltzeit mit Katastrophen verbunden vorgestellt: Warum sollte man dann noch Kinder in die Welt setzen, die unnötig leiden müßten unter Krieg, Seuchen und Erdbeben? Für Paulus ist die Ehelosigkeit motiviert durch das, was vor ihm lag: »Ich vergesse, was hinter mir liegt, und strecke mich nach dem aus, was vor mir ist.« (Philipperbrief 3,13) Vor ihm ist Christus, der jeden Moment kommen kann. Für ihn gilt es, ganz bereit zu sein.

Unternehmerische Menschen haben oder hatten oft viele Frauen. Ich darf hier noch einmal Joschka Fischer als Beispiel bemühen. Es scheint nicht verwunderlich: Für die so unterschiedlichen Phasen seines Lebens brauchte er wahrscheinlich jeweils ganz andere Menschen als Ergänzung. Wenn es auch, was wir nur annehmen können, in beiderseitigem Einvernehmen zu den notwendigen Trennungen gekommen ist, so fragt man sich doch, ob es nicht besser ist – wenn man schon so eine wilde Karriere machen will – gleich unverheiratet zu bleiben; wobei wir wieder bei Paulus wären. Vielleicht geht es ja nicht nur um eine wilde Karriere, sondern wirklich um einen inneren Ruf, eine innere Führung, die einen Menschen so viel auf sich nehmen läßt – zugunsten der Menschen und der Zukunft.

In diesem Sinn ist Paulus beziehungsunfähig. Er wechselt seine ›Partner‹, wie es ihm paßt. Irgendwie braucht er Partner. Ganz allein geht es doch nicht. Jesus hat seine Jünger

immer zu zweit auf die Missionsreisen geschickt. (Lukas 10,1)
So geht Paulus einmal mit Barnabas, später mit Titus, dann
mit Timotheus. Die Beziehungen müssen sich seinen Unternehmungen unterordnen. Bei Petrus ist es umgekehrt: Die
Unternehmungen müssen sich seinen Beziehungen unterordnen. Deshalb kann ein Verwalter nichts voranbringen: Er muß
ständig Rücksicht nehmen auf all die, mit denen er in gutem
Kontakt steht, eher deren Erwartungen erfüllen als seine eigenen. Er muß ja die Gruppe zusammenhalten. Aber jede
Gruppe braucht auch dringend die, die frei sind, die fortge-
hen können, um für die Gruppe Neuland zu erschließen. Auf
diesem Neuland werden wieder Nachkommen wohnen können. Es braucht die verrückten Unternehmer, die mit nichts
als der Zukunft verheiratet sind.

10. Der Marketingstratege

Paulus ist wirklich ein Unternehmer. Um seine Botschaft an die Frau und den Mann zu bringen, achtet er auf die Bedürfnisse der Menschen. Er läßt diese Botschaft, die vom Himmel ist, nicht einfach auf die Erde plumpsen, sondern schaut, wo die Saat am besten aufgehen kann. Er betreibt sozusagen das erste christliche Marketing. Nun verstehen wir heute unter Marketing alles mögliche, von der reinen Zielgruppen-Orientierung eines Produktes bis hin zur massiven Manipulation der Kunden ist die Spannweite breit. Ein Vertriebsleiter sagte mir einmal: »Marketing ist Krieg.«

Wie betreibt Paulus Marketing? Wo könnten wir das deutlicher sehen als auf dem Marktplatz der alten Hauptstadt Athen? Paulus ist nicht nur der engagierte Eiferer, sondern auch der kühle, professionelle Verkäufer. Als er durch die Großstadt Athen geht, sieht er zunächst viele Götzenbilder, und es packt ihn »heftiger Zorn«. (Apostelgeschichte 17,16) Kurz darauf aber hat er sich schon wieder gefaßt (oder war es nur eine professionelle Empörung gewesen?). Einige interessierte Philosophen nehmen ihn nämlich mit auf den Marktplatz, den Areopag. Hier soll er im Wettbewerb mit den anderen philosophischen Richtungen seine Auffassung zum Besten geben. Der sich gerade noch über die Athener aufgeregt hat, den hören wir nun sagen: »Athener, nach allem, was ich sehe, seid ihr besonders fromme Menschen.« Ein Werbetext könnte nicht besser beginnen. Mit der richtigen Formulierung kann man (fast) alles verkaufen. Und er fährt fort: »Denn als ich umherging und mir eure Heiligtümer ansah,

fand ich auch einen Altar mit der Aufschrift: Einem unbe-
kannten Gott. Was ihr verehrt ohne es zu kennen, das ver-
künde ich euch.« (Apostelgeschichte 17,22f) Hier geschieht
Bedürfnisweckung, und sie funktioniert heute nicht anders
als damals. Der Unternehmer entdeckt das Bedürfnis, oder
er weckt es, um das, was er geben kann, wirklich anbieten zu
können. Paulus denkt und handelt klug und strategisch. Das
scheint ihm zu liegen.

Marketing ist die Spitze des Unternehmerischen. Im Marketing wird Handeln zur Strategie. Es beinhaltet, wie man
etwas dazugewinnen kann, wie man *was wann wo* am besten
dazugewinnen kann. Berechnung kommt ins Spiel. Die Unternehmensberater Franz S. Berger und Harald Gleissner bezeichnen und beschreiben Paulus als den Prototyp des Mar-
keting-Strategen.

Paulus hat zwar viele Charismen, das heißt Begabungen,
aber er handelt nicht einfach ›charismatisch‹, wie wir diesen
Begriff heute gleichbedeutend mit ›chaotisch‹ verstehen. »Auf
dem Weg über Amphipolis und Apollonia kamen sie nach
Thessalonich. Dort hatten die Juden eine Synagoge. Nach
seiner Gewohnheit ging Paulus zu ihnen und redete an drei
Sabbaten zu ihnen, wobei er von den Schriften ausging.« So
berichtet die Apostelgeschichte (17,1–2).

Paulus geht zuerst zu den Juden, die überall im römischen
Reich ihre Synagogen hatten. Ein guter Unternehmer baut
sein Potential aus, indem er bei den Märkten ansetzt, die er
schon ›hat‹. Hier hat er das beste Kosten-Nutzen-Verhältnis.
Schnelle Zukäufe bringen vielleicht exponentielles, aber nicht
nachhaltiges und gesundes Wachstum. Die Christus-Botschaft
ist für Paulus im jüdischen Umfeld am leichtesten bekannt

zu machen, da es zum einen organisiert war und da Jesus ebenfalls Jude gewesen war und seine Botschaft fast bruchlos an den jüdischen Glauben anknüpfte. Vor allem bei den sogenannten »Gottesfürchtigen« kommt Paulus als einstiger Pharisäer gut an. Und es ist praktisch für ihn und seine Begleiter, denn irgendwo müssen sie ja schlafen und irgendwelche Ansprechpartner brauchen sie in den Städten. Ein Unternehmer würde heute nicht anders vorgehen. Niemand ist paradoxer Weise zunächst so sehr auf ›Zugehörigkeit‹ angewiesen wie der Unternehmer. Von den jüdischen Kreisen aus bewegt sich Paulus dann stets weiter zu den Nichtjuden, also den Heiden. Das bedeutete eine Ausweitung der Märkte. Sie zu gewinnen ist sein eigentliches Interesse.

Eine weitere Strategie des Paulus ist, zuerst die Provinzstädte zu besuchen. Hier war das Marktpotential größer. Paulus konnte sich ausrechnen, daß das Gespräch über die christliche Botschaft über die vielen Handelsreisenden und die stark fluktuierende Bevölkerung sich leicht über das Reich ausbreiten würde. Die Infrastruktur des Römischen Reiches kam ihm bei seinen Unternehmungen sehr zu Paß.

Zum Teil bleiben Paulus Märkte verschlossen, obwohl er sie gern erobern würde. Auch das ist tägliches Brot des Unternehmers.

»Weil ihnen aber vom Heiligen Geist verwehrt wurde, das Wort in der Provinz Asien zu verkünden, reisten sie durch Phrygien und das galatische Land. Sie zogen an Mysien entlang und versuchten, Bithynien zu erreichen; doch auch das erlaubte ihnen der Geist Jesu nicht. So durchwanderten sie Mysien und kamen nach Troas hinab. Dort hatte Paulus in der Nacht eine Vision. Ein Mazedonier stand da und bat ihn: Komm herüber nach

Mazedonien, und hilf uns! Auf diese Vision hin wollten wir sofort nach Mazedonien abfahren; denn wir waren überzeugt, daß uns Gott dazu berufen hatte, dort das Evangelium zu verkünden. So brachen wir von Troas auf und fuhren auf dem kürzesten Weg nach Samothrake und am folgenden Tag nach Neapolis. Von dort gingen wir nach Philippi, in eine Stadt im ersten Bezirk von Mazedonien, eine Kolonie. In dieser Stadt hielten wir uns einige Tage auf. Am Sabbat gingen wir durch das Stadttor hinaus an den Fluß, wo wir eine Gebetsstätte vermuteten. Wir setzten uns und sprachen zu den Frauen, die sich eingefunden hatten.« (Apostelgeschichte 16,6–13)

In christlichen Kreisen erlebt man oft etwas ›Quengeliges‹, wenn es darum geht, daß etwas nicht klappt oder nicht möglich ist. Immer wieder bohrt man nach. Man ist nicht so stark im »Nein« sagen und im »Nein« annehmen. Im Wirtschaftsleben dagegen lernte ich, daß Unternehmer leichter mit dem »Nein« eines anderen umgehen können. Ständig erhalten sie Absagen. Man versucht etwas, und bekommt es nicht. Man bietet etwas an, und es wird nicht abgenommen. Man geht unverdrossen weiter. Vielleicht funktioniert es später – oder gar nicht, das ist aber nicht schlimm, weil es andere Versuche geben wird. So ergeht es auch Paulus. Bei Paulus hat die Struktur des »Nein« eine besondere Qualität. Der heilige Geist selbst spricht es aus. Damit hat es höchste Autorität und kann gelassen hingenommen werden. Der Heilige Geist selbst gibt die Führung an im Prozeß der Marktentwicklung. Das entlastet natürlich.

Die Frustrationstoleranz über die Tatsache, daß sich nicht alle der Christusbewegung anschließen, gehört für Paulus zur Missionsstrategie. Er missioniert nicht verbissen. Der Absolutheitsanspruch seiner Botschaft ist wirklich ›absolut‹, das heißt auch ›losgelöst‹ von dem Zwang, sich realisieren zu müssen. Nur so kann eine Botschaft Sympathie atmen und wirklich anziehend sein. Für das ›Produkt Frohe Botschaft‹ eine unbedingte Voraussetzung. Verpackung und Inhalt müssen hier übereinstimmen: Der Glaube, der nur in Freiheit angenommen werden kann, kann nur in Freiheit gepredigt werden. Wenn Paulus und seine Begleiter irgendwo nicht aufgenommen werden, schütteln sie den Staub von ihren Füßen, so wie es Jesus in seinem Missionsauftrag ausdrücklich befohlen hat. (Vgl. Apostelgeschichte 13,50 und Lukasevangelium 9,5) Für Verwalter wäre das wohl viel, viel schwieriger. Sie könnten gar nicht verstehen, wie jemand nicht zugehörig sein will. Sie können schlecht jenen labilen, zitternden Zustand aushalten, in welchem Menschen ›gewonnen‹ werden. Doch weil man Menschen nie ›haben‹ kann und darf, ist dieser Zustand aber eigentlich schon das Ziel.

Wenn Paulus und seine Begleiter erfolgreich waren, dann gibt es für sie auch eine ›Pflege‹ des bereits gewonnenen ›Kundenstamms‹. Auch hier scheint wenig dem Zufall überlassen. Manche Methoden erinnern exakt an die heute übliche ›Kundenbindung‹. Die zahlreichen Briefe, über die wir übrigens am meisten von Paulus wissen, fungieren wie Kundenzeitschriften. Bereits Angebotenes wird noch einmal wiederholt oder vertieft, neue Angebote werden gemacht. Einmal steht Paulus kurz vor seiner Heimat Tarsus, trotzdem kehrt er um und besucht abermals Lystra, Ikonien und Antiochien, weil ihm diese ›Wiederholung der Werbung‹ wichtig scheint. (Apostelgeschichte 14,20–21) Die Jünger seiner zweiten Missionsreise besucht Paulus noch einmal auf der dritten Reise (Galatien und Phry-

gien). Hier integriert Paulus etwas Verwalterisches in seine Tätigkeiten: Er sorgt für Nachhaltigkeit.

Paulus als Marketing-Mann. Das ist zumindest für Christen sicher eine nicht in allem befriedigende Gleichsetzung.
Und irgendwie tun die vielen englischen Fachbegriffe so in
der Nähe des bärtigen Apostels auch etwas weh. Trotzdem
empfinde ich die Parallelen verblüffend. Jemand sagte einmal, das Christentum als solches, also ›die Marke Christentum‹ sei im Grunde ein Erfindung des heiligen Paulus. Der
Name dieser ›Marke‹ war für ihn schlicht »Christus«.

Der Erfolg des Paulus war gar nicht so groß, zumindest
was die Quantität angeht. Er hat vielleicht 20 bis 30 Gemeinden gegründet, welche jeweils um die 100 Mitglieder hatten.
Seine strategische Leistung aber war um so größer. Er hat die
ganze bewohnte Welt prinzipiell für »Christus« erschlossen.
Dafür hat er nicht einmal 25 Jahre gebraucht, weil er strategisch vorgegangen ist. – Wer als Unternehmer »nicht umsonst laufen will«, tut gut daran, sich Zeit zu nehmen für
strategische Überlegungen. Wenn sein Arbeiten aufgeht im
operativen Geschäft, wird er keinen Erfolg haben. Es gibt
Firmen, in denen arbeiten sich die Mitarbeiter zu Tode. Doch
es nützt ihnen nichts. In einer Zeit, in der Märkte kleiner
werden oder sich radikal verändern, ist das strategische Denken um so wichtiger. Vielleicht ist es sogar so, daß am Ende
weniger die Unternehmer als die Strategien erfolgreich sein
werden.

11. Der keine Zeit hat

Unternehmer haben keine Zeit. Das ist bei ihnen immer so. Bücher für Unternehmer müssen so geschrieben sein, daß sie in kleinen Happen das Wichtigste schnell erfassen können. Beim Weg von einem Ort zum anderen nimmt der Unternehmer das schnellste Verkehrsmittel. Wenn es eine Maschine oder einen Menschen gibt, der etwas schneller vollbringen kann als zuvor, so wird er die Rationalisierung vornehmen. Die Zeit ist in gewisser Weise immer gegen den Unternehmer. Weil die Zeit gegen ihn läuft, muß er laufen. Der Unternehmer kann Zeit verlieren, der Verwalter nicht. »Zeit ist Geld« ist natürlich ein unternehmerisches Motto. Denn nur in der Zeit kann er dazugewinnen, Neues erobern; was er in der Zeit nicht erobert hat, existiert gar nicht. Deshalb muß der Unternehmer wirklich da sein. Er ist nur etwas wert, wenn er in der Gruppe da ist. Im Unterschied zum Verwalter ist er ein Nichts, wenn er nicht da ist.

Ab einem bestimmten Niveau werden im Management nur noch befristete Verträge geschlossen. Denn in der Zeit muß sich beweisen, was der Mann oder die Frau kann. Diese Zeit zu verlängern, hat keinen Sinn. In zwei oder fünf oder maximal sieben Jahren müssen die Ergebnisse erbracht sein. Der Verwalter ist froh, wenn die Zeit vergeht, der Unternehmer fürchtet, daß die Zeit vergeht. An dieser Stelle entstehen natürlich Konflikte.

Petrus und Paulus verkörpern diese unterschiedlichen Typen, auch in Bezug auf die Zeit. Und auf der Grundlage der Urkunde des Christentums, des Evangeliums, haben sie auch, jeder in seiner Weise, das Recht dazu. Gleich zu Beginn seines Buches gibt der Evangelist Markus wieder, wie Jesus seine Botschaft in wenigen Worten zusammengefaßt hat: »Jesus verkündete das Evangelium Gottes und sprach: Die Zeit ist erfüllt, das Reich Gottes ist nahe. Kehrt um, und glaubt an das Evangelium!« (Markus 1,15) Die frohe Botschaft hat also zwei Teile: Die Zeit ist erfüllt, das Erwartete und Ersehnte ist da. Alles Wichtige ist schon da. Die zweite Hälfte dagegen setzt beinahe voraus, als wenn es noch nicht da wäre. Denn sie appelliert an das Handeln des Menschen: »Kehrt um, bekehrt Euch, glaubt.«

Aus diesen Aussagen haben bereits die frühen Christen ihre Philosophie von der Zeit und vom Gang der Welt entwickelt. Sie stellten sich vor, daß wir uns in einer Zwischensituation befinden. Auf der einen Seite sei Gottes Herrschaft da, im vollen Sinn und ohne Abstriche. An Jesus konnte man es ablesen. Durch ihn sind wir erlöst. Diesen Teil lebt Petrus. Diesen Teil lebt der Verwalter. Es ist doch alles in Ordnung. Was soll ich laufen? Laufen wäre töricht. Wohin sollte man sich noch entwickeln? »Es gibt nichts Neues unter der Sonne.« Dies ist ein sympathischer Zug am Christlichen, der allerdings oft in der Verkündigung unterschlagen wurde. Niemand muß sich krümmen, niemand könnte im Ernst die Welt erlösen, es ist schon alles Wesentliche geschehen. Hier entsteht Gelassenheit. Verwalter sind meistens sehr gelassene und zutiefst lebensbejahende Menschen.

Die andere Seite beschreibt christliche Theologie so: Wir erwarten das Kommen des vollendeten Gottesreiches, das zweite Kommen Jesu, den Jüngsten Tag. Hier ist die Kirche realistisch: Sie nimmt wahr, das vieles noch nicht erlöst ist, hier setzt der Auftrag Jesu zur Umkehr an: Kehrt Euch zu dem hin, was schon da ist. Das meint keine kosmetische Korrektur, sondern ist in vollem Ernst gemeint. Nur wer umgekehrt ist und an das Evangelium glaubt, in dem ist das Reich Gottes angebrochen. Diesen Teil lebt der Unternehmer. Er will die Welt verbessern, und da gibt es wahrlich viel zu tun. Er will, daß die Menschen gesünder, glücklicher, zufriedener, satter und so weiter sind. Je schneller, desto lieber. Das ist der Teil, den Paulus lebt. Hier kommt der missionarische Impuls des Paulus her: Lieber gestern als heute alle Menschen zu Christus und dem Evangelium bekehrt – und der Tag x ist erreicht! Das ist der Tag, an dem Christus kommt und die ganze Welt neu geboren wird.

Man könnte es auch so ausdrücken: Paulus steht für die Bekehrung, Petrus für die Bekehrten. Daß beides gleich wichtig ist, dürfte deutlicher geworden sein.

12. Der Kompromißlose

Petrus hat als Attribut den Schlüssel. Er schließt auf und schließt zu, dabei stellt er Verbindungen her. Paulus wird das Schwert beigegeben, denn Paulus ist der, der trennt, der trennen kann. Bei aller Kunst, allen alles zu werden, und so zu texten, daß es jeder verstehen kann, vertritt er die Kompromißlosigkeit der Botschaft. Deshalb tut er sich auch viel leichter zu streiten als Petrus, Petrus ist eher harmoniebetont.

Christen sind für viele Menschen heute solche, die immer nett sind, die nie miteinander streiten. Streiten gehört sich nicht für Christen. Derartige Projektionen haben schon früh begonnen. Der Evangelist Lukas stellt bereits die junge Christengemeinde in seiner Apostelgeschichte so vor – als »ein Herz und eine Seele«. Paulus beschreibt in seinen Briefen zum Teil dieselben Ereignisse, und wie anders stellen sie sich bei ihm dar!

Die größte Herausforderung für die jungen Christen bestand in der Frage, ob die christliche Botschaft eigentlich nur für Juden gedacht war oder auch für Nichtjuden. Es dauerte nicht lange, da setzte sich die Überzeugung durch, daß am Leben und der Botschaft Christi etwas Universales war, das man keinem Menschen vorenthalten konnte. Das konkrete Problem bestand, wie wir oben schon erwähnten, darin, daß die Judenchristen zu einem großen Teil die jüdischen Bräuche noch pflegten – ihre Gebetszeiten, ihre Reinigungsrituale, die Speisevorschriften und vor allem die Beschneidung. Sollte man auch die Nichtjuden, die sich den christlichen Gemeinden anschlossen, auf diese Bräuche verpflichten? Oder sollten sie davon frei sein? Anders ausgedrückt: Mußten sie zuerst Juden werden, um dann Christen werden zu können? Hier stand die Identität des Christlichen auf dem Spiel.

Die Frage war so fundamental, daß es ungefähr 15 Jahre nach Jesu Tod zu einer Vollversammlung in Jerusalem kam, dem sogenannten Apostelkonvent. Hier waren alle wichtigen Leute versammelt: Petrus, Jakobus und die anderen Apostel. Paulus und Barnabas waren aus Antiochien gekommen, um die freiheitliche Position darzulegen, die keine Beschneidung von den Neubekehrten Heiden verlangte. Es war eine der wenigen Zusammentreffen von Petrus und Paulus.

Petrus ist nach der Apostelgeschichte derjenige, der die streitenden Parteien integrieren kann. Er vertritt die Ansicht, daß der Heilige Geist auch zu den Heiden gesandt ist. Um dem Hardliner Jakobus entgegenzukommen, sollen die Heidenchristen zum Kompromiß dennoch einige wenige Speisevorschriften und Verhaltensweisen einhalten. In diesem Sinn ist alles geklärt und der Weg offen für die Heidenmission. Paulus gibt die Regelung in seinem Galaterbrief so wieder:

>»Aber auch von den Angesehenen (gemeint sind eben Petrus und Co) wurde mir nichts auferlegt. Im Gegenteil, sie sahen, daß mir das Evangelium für die Unbeschnittenen anvertraut ist wie dem Petrus für die Beschnittenen, denn Gott, der Petrus die Kraft zum Aposteldienst unter den Beschnittenen gegeben hat, gab sie mir zum Dienst unter den Heiden. Und sie erkannten die Gnade, die mir verliehen ist. Deshalb gaben Jakobus, Kephas (Petrus) und Johannes, die als die ›Säulen‹ Ansehen genießen, mir und Barnabas die Hand zum Zeichen der Gemeinschaft: Wir sollten zu den Heiden gehen, sie zu den Beschnitte-

nen. Nur sollten wir an ihre Armen denken. Und das zu tun, habe ich mich eifrig bemüht.« (Galaterbrief 2,6–10) Die Aufgabenverteilung, die Paulus hier sieht und die ihn für die Heidenmission prädestiniert, hätte Petrus nicht ganz so scharf gesehen. Der Handschlag scheint Paulus besonders wichtig zu sein. Hier wird ein Deal gemacht. Daß es nicht nur ein Vertrag, sondern ein Geschäft ist, sieht man an der Bemerkung über die Kollekte für die Armen. Das ist eine bemerkenswerte Notiz. Es handelt sich um die Armen der Jerusalemer Gemeinde, für die Paulus unterwegs Geld sammeln soll. Unternehmer haben in sozialen Fragen immer eine gewisse Bringschuld. Da sie zunächst ›ohne Rücksicht‹ operieren, stehen sie unter dem Anspruch, vom Profit auch denen abzugeben, die sonst auf keine Weise partizipieren könnten, aber trotzdem dazugehören. Petrus und die Jerusalemer handeln typisch verwalterisch. Übertrieben ausgedrückt: »Wenn ihr schon euren Spleen da draußen leben wollt, so soll das wenigstens uns etwas bringen.« Viele Unternehmen haben ihre Stiftungen. Sie fördern die Künstler oder die Sportler. Sie »denken an die Armen«. Damit ist ein Gleichgewicht wieder hergestellt.

Lukas verschweigt in der Apostelgeschichte, daß das Problem auch nach dem Apostelkonzil noch einmal Streit verursacht hat. Davon berichtet wiederum nur Paulus selbst, und zwar gleich im Anschluß an die gerade wiedergegebene Stelle:
»Als Kephas (= Petrus) aber nach Antiochia gekommen war, bin ich ihm offen entgegengetreten, weil er sich ins Unrecht gesetzt hatte. Bevor nämlich Leute aus dem Kreis um Jakobus eintrafen, pflegte er zusammen mit den Heiden zu essen. Nach ihrer Ankunft aber zog er sich von den Heiden zurück und trennte

sich von ihnen, weil er die Beschnittenen fürchtete. Ebenso unaufrichtig wie er verhielten sich die anderen Juden, so daß auch Barnabas durch ihre Heuchelei verführt wurde. Als ich aber sah, daß sie von der Wahrheit des Evangeliums abwichen, sagte ich zu Kephas in Gegenwart aller: Wenn du als Jude nach Art der Heiden und nicht nach Art der Juden lebst, wie kannst du dann die Heiden zwingen, wie Juden zu leben?« (Galaterbrief 2,11–14)

Wenn schon – denn schon, ist die Auffassung des kompromißlosen Paulus. Wenn es eine Freiheit vom jüdischen Gesetz gibt, dann bitte, verhaltet Euch auch danach. Wir hatten uns doch die Hand gegeben!

Die Sache war wahrscheinlich wirklich geklärt. Hier aber sehen wir – in der authentischen Wiedergabe des Paulus – die zwei verschiedenen Charaktere aufeinander stoßen. Sie ist eine der wichtigsten Stellen im Neuen Testament für unsere Thematik. Erstens: Es gab Streit – auch unter den Führungsleuten der Christen. Zweitens: Es gab offenen Streit – und kein ungutes ›hinten herum‹. Drittens: Paulus, ›der Unternehmer‹ hat den Streit provoziert. Petrus hätte es gerne immer harmonisch. »Ja, das Evangelium ist auch für die Heiden da. Ja, ich esse gerne mit den Heiden zusammen. Ja, aber den Jakobus-Leuten muß man es ja auch recht machen.« Das ist für Paulus keine Haltung und wird von ihm als ›Furcht‹ ausgelegt. *Er* hätte kein Problem gehabt, hier zu seiner Meinung zu stehen. Und Petrus hätte das Problem sicher niemals offen angesprochen. Er hätte vielleicht versucht, es unter vier Augen mit Paulus zu klären. Paulus dagegen hat keine Angst vor der Öffentlichkeit, selbst nicht vor der internen. Er tritt dem Felsen, dem Angesehenen, der Schlüsselfigur, dem

›Ersten‹ offen gegenüber! Ja, er be- und verurteilt ihn als Heuchler.

Aus der Perspektive eines Unternehmers kann das Verhalten von Politikern oder anderen Verwaltungsmenschen manchmal so wirken. Für sie ist dieses »Wendehals-Verhalten« unerträglich. Und es ist gut, wenn sie es so offen ansprechen, weil nur so die Dinge wirklich geklärt werden können. Das ist eine Begabung der Unternehmertypen, daß sie eher streitlustig sind und provozierend die Dinge zu einer Klärung bringen können. Das sollte man von ihnen auch erwarten können.

Daß aus der Perspektive des Petrus die Sache wohl anders aussah ist verständlich. Er mußte sehen, wie er die Mannschaft irgendwie zusammenhält. Dafür war sein Verhalten wahrscheinlich genau richtig und angemessen, wenn auch unaufrichtig.

Ich glaube, daß der Streit zwischen Verwaltern und Unternehmern besonders dann unfruchtbar ist, wenn er nicht ausgesprochen wird. Hier sind die Unternehmer gefragt! Wer in Gruppen entscheidet, ist meistens der Erste, der oberste in der Hierarchie. Entscheidend ist aber ebenso, daß jemand neben der Personengerechtigkeit auch die Sachgerechtigkeit ins Spiel bringt. Das muß jemand sein, der ›die Ersten‹ nicht fürchtet (aber ebenso respektiert!). Gruppen kommen nur zu guten Entscheidungen, wenn hier offen – quasi quer zu jeder Hierarchie – geredet werden kann. Wenn nicht, landet man in nordkoreanischen oder DDR-Verhältnissen. Petrus ist ›der Erste‹, Paulus ist – nicht der Zweite, nicht der Dritte, nicht ›auch der Erste‹: Paulus ist ›außer Konkurrenz‹.

III. Die Typen im Überblick

Um die Typen ›Verwalter‹ und ›Unternehmer‹ schnell greifen zu können, sind hier ihre wichtigsten Eigenschaften noch einmal zusammengefaßt und tabellarisch aufgeführt:

	Verwalter	Unternehmer
Grundwort	dazugehören	dazugewinnen
Verhältnis zum Raum	beharrend, am Fleck	unternehmungslustig, fortschreitend
Verhältnis zur Zeit	die Zeit läuft für ihn	die Zeit läuft gegen ihn
Bewegungsform	sitzen	laufen
Intellektualität	einfach	reflektiert, differenziert
Konfliktfähigkeit	harmoniebedürftig	streitlustig
Problem	mit dem Profil	mit dem Ansehen
Umgang mit der Angst	Rückzug	Draufgehen
Lebensform	verheiratet	unverheiratet
Beziehungsfähigkeit	fähig	unfähig
Stellung	Erster	außer Konkurrenz
Attribut	Schlüssel	Schwert
Haare	kurze Haare, kurzer Bart	Glatze und langer Bart
Erlösung	Wissen, daß er zum Verrat fähig ist	Alles ist Gnade
Biblisch (vgl. Markus 1,15)	»Die Zeit ist erfüllt«	»Kehrt um!«

IV. Was in Gruppen entscheidend ist

1. Den kenne ich!

Wie ist es Ihnen ergangen beim Lesen, beim Kennenlernen des Verwalter-Typs und des Unternehmer-Typs? Ich vermute, Sie haben verschiedenste Menschen in ihrem Umkreis wiedererkannt. »Den kenne ich!« Ein Controller, dem ich die Typologie vorstellte, erzählte mir, daß in ihm große Wut aufgestiegen sei. Menschen und Situationen seien ihm wieder vor Augen gestanden, unter denen er gelitten hat.

Wenn solche Wut in Ihnen aufsteigt, ist das gut. Das Übel der ›toten‹ und ineffizienten Gruppen liegt ja gerade darin, daß nicht alle Energien in den Gruppenmitgliedern geweckt sind. Sie sind zum Stillstand gekommen, weil man frustriert ist, verletzt, genervt. Am schädlichsten ist hier die zurückgehaltene Aggressionskraft, die zu einer depressiven Stimmung innerhalb der Gruppe führt. Die Depression richtet sich dann zerstörerisch nicht nur gegen die Gruppe als ganze, sondern auch gegen einzelne, Leitende wie Untergebene. Hier liegt eine besondere Not sehr vieler Leitenden. Sie sind schon so oft gescheitert in ihrer Funktion, daß sie sich entweder zurückziehen und überhaupt nicht mehr leiten, oder hier und da auf einmal Amok laufen, wenn die Aggression völlig unkontrolliert hervorbricht.

Jedes Gefühl, das ich als Leitender wahrnehme, ist für mich ein Gewinn. Es ist mir ein wichtiger Indikator in meiner Aufgabe. Und kein Gefühl, wie heftig es auch sein mag und wie geartet es auch ist, ist schlecht oder unzulässig. Die alten Mönche haben sich in ihre Zellen zurückgezogen, um diese Gefühle offen und mutig wahrnehmen zu können. Was ich mit ihnen dann nach außen hin mache – das steht auf einem zweiten Blatt. Der ideale Führende aber ist nicht ›der Coole‹, sondern der, der wie jeder Mensch die Wärme und die Hitze der Gefühle wahrnehmen kann und wahrnimmt. Zu aller erst seine eigenen.

Das ist der erste Schritt. Wenn ich den Ärger zulasse, dann befreit es mich. Ich bekomme wieder Kontakt zu mir selbst. Oft steckt hinter dem Ärger eine Verletzung. Weil ich aber gar nicht an die Trauer oder Verletzung herankomme, habe ich auch keine Chance, mit dem Menschen oder der Gruppe, von der ich mich verletzt fühle, wieder in einen guten Kontakt zu kommen. Christlich gesprochen kann eine Gruppe nicht funktionieren, wenn man sich gegenseitig nicht immer wieder *vergibt*, weil man aneinander schuldig geworden ist. Man kann sich aber nicht verzeihen, wenn man sich zuvor nicht den Ärger zugestanden hat.

Für den ersten Ärger ist es nützlich, einem guten Freund, einer Freundin oder dem Coach davon zu erzählen oder die Gedanken aufzuschreiben. Erst wenn dieser Ärger ausgedrückt ist, bin ich in der Lage, wieder klarer zu sehen. Ich werde nüchterner, ich sehe die Situation ungeschminkt. Vielleicht weiß ich auch, wie ich mich besser schützen kann, vor meinem Vorgesetzten oder vor meinen Untergebenen.

Das nächste, was für diese Typologie zu sagen ist, klingt zunächst wie ein Widerspruch zum eben Beschriebenen, ist aber eine weitere Notwendigkeit. Wohin die Typologie auf keinen Fall führen möchte, sind ungefilterte Vorwürfe. Sie gehen am Morgen nach der Lektüre dieses Buches in ihren Betrieb und schütten sich beim Nächstbesten aus: »Der Herr x ist ein typischer Verwalter! Jetzt weiß ich, warum der so ist! Es ist grauenvoll mit diesen Verwaltern.« Mit Vorwürfen ist nichts geholfen. So hilft auch diese Typologie nicht: im Gegenteil – sie schadet eher.

Zweierlei führt statt dessen weiter. Erstens: Bewahren Sie den Respekt voreinander! Selbst wenn Sie etwas am anderen entdeckt haben sollten und nun sein Verhalten besser einordnen können: In *seinen* Schuhen stecken Sie nicht! Sie wissen auch nicht, ob er oder sie sich nicht die Mühe gegeben hat, die ihm möglich ist. Hier helfen die alten Wüstenväter, die immer wieder mahnen, man solle nicht urteilen und nichts als den eigenen Weg gehen. Mit Urteilen und Vorwürfen löst man keine Situation, man vergiftet sie eher. Zwingen Sie sich also trotz oder gerade während der neuen Wahrnehmung, die Sie machen konnten, zum Respekt vor dem anderen. Christlich gesprochen ist das die Nächsten- oder Feindesliebe; wobei ich an dieser Stelle lieber vom *Respekt* spräche, weil der einfacher zu erreichen ist als gleich die Liebe... Es ist zu viel verlangt, einen Chef, der einen gedemütigt hat oder übergangen oder was immer, lieben zu wollen. Aber respektieren kann ich ihn – als Mensch. Der Heilige Benedikt sagt über den Abt: »Er hasse das Böse, er liebe die Brüder.« (Regel Benedikts 64,11)

Ein nächster Schritt wäre, sich einmal nicht nur spontan emotional von der Typologie ansprechen zu lassen, sondern systematisch und reflektiert. Das könnte so geschehen: Sie überlegen sich den ›typischsten‹ Verwalter, den Sie in Ihrem Leben erlebt haben. Meist fällt einem jemand ein. Und dann überlegen Sie sich den ›typischsten‹ Unternehmer, den Sie erlebt haben. Schauen Sie dabei zusätzlich, was Sie jeweils an diesem Menschen unsympathisch und auch was Sie sympathisch gefunden haben. Sie werden eine erstaunliche Feststellung machen, nämlich daß Sie immer Licht und Schatten *zugleich* finden werden. Der grauenvolle Patriarch, der vor allem im Alter seine ganze Belegschaft drangsaliert hat, dessen ›Zigarren-Fahne‹ alle sofort alarmierte, wenn er das Haus betrat, so daß man die Köpfe einzog – er war vielleicht der, von dem Sie lernen konnten, wie man eine Sache durchzieht, von der man überzeugt ist. Auf diese Weise lasse ich ein weiteres Gefühl an die Seite des ersten Gefühles treten, und ich werde ruhiger und gerechter.

Wenn die Typologie die Fremdwahrnehmung schärft: gut! Wenn sie zum Verurteilen führt: schlecht! Wenn Sie zur Selbstwahrnehmung führt: noch besser! Und auch hier gilt: Wenn du dich nun selbst genauer wahrnimmst, urteile auch über dich selbst nicht, sondern nimmt dich nur wahr!

2. Kenne ich mich?

Eine Typologie ist also keine Führungstechnik, die Sie ›zack-zack‹ lernen und sofort umsetzen können und damit Erfolg haben. Sie geht den mühsameren, aber nachhaltigeren Weg. Sie beginnt bei dem, bei dem Veränderung auf menschliche Weise am ehesten möglich ist: beim Führenden selbst. Sicher kennen Sie aus Erfahrung: Was Sie selbst für sich innerlich und äußerlich klar haben, das können Sie auch ihrer Gruppe oder denen, für die Sie arbeiten, vermitteln. Dafür können Sie einstehen. Der Hauptvorwurf an die religiösen Führer zur Zeit Jesu, die Pharisäer, war: »… sie selber wollen keinen Finger rühren …« (Matthäus 23,4) Nur wer sich selbst als Mensch mit einbringt in sein Leiten, wird menschlich und auch erfolgreich leiten können. Nur wer sich selbst, mit all seinen Gefühlen, seinen Überzeugungen, seinen Charakter-zügen als Leitender ins Spiel bringt, hat das, was man tradi-tionell als ›emotional-soziale‹ Kompetenz beschreibt. Er al-lein hat ›persönliche Autorität‹. Zu ihr gelange ich durch die Arbeit der Selbstwahrnehmung.

Warum ist das so? Als Mensch sind wir dazu befähigt und gleichzeitig dazu aufgerufen, was wir tun, *bewußt* zu tun. Bewußtloses Handeln ist kein menschliches Handeln. Erst wenn wir mit unserem Geist und unserer Seele, mit unserem Hirn, unseren Gefühlen und unserem ganzen Körper ›bei dem sind‹, was wir tun, tun wir es ganz. Dann haben wir auch die größte Wirkung. Selbst-Bewußtheit ist die Wurzel von Selbst-bewußtsein. Ein selbstbewußt Leitender leitet nicht nur ef-fektiv, sondern auch menschlich.

Im Beispiel: Angenommen ich habe mich eher als Unternehmer-Typ entdeckt. Ich habe mich ›ertappt‹, daß ich auch ständig unterwegs, auf Achse, auf den Beinen bin. Daß ich immer laufe... Was wäre daran schlimm? Laufen ist prinzipiell nicht schlechter als Sitzen, als Liegen und so weiter. Solange ich aber nicht ›bemerkt‹ habe, daß ich immer laufe, ist es nicht mehr als ein instinktives Muster, das in mir ›abläuft‹, selbst wenn es zur Situation überhaupt nicht paßt. Im Moment aber, wo mir das bewußt wird, werde ich frei von diesem Muster und kann es anwenden oder nicht, je nachdem wie ich es brauche und wie es die Situation erfordert. Wenn ich weiß, daß ich mich in Angstsituationen wie ein Verwalter gewöhnlich eher zurückziehe, dann ist das die Einladung, mich so anzunehmen, wie ich bin. Ich bin eben kein ›Draufgänger‹. Eines Tages wird dann vielleicht aber auch die Lust erwachen, einmal anders zu agieren: in die Angst hineinzugehen.

Also: Die Selbstwahrnehmung macht frei. Dadurch eröffnet sie mir neue Handlungsmöglichkeiten. Und beim Leiten einer Gruppe kann man gar nicht genügend Handlungsmöglichkeiten haben, es werden ja alle von einem abverlangt. Jede Situation ruft neue Handlungsvarianten hervor. Das Leben der Gruppe erstirbt, wenn der Leitende nur immer in derselben Manier handelt. Und das womöglich auch noch gut findet.

Die entscheidende Frage ist: Kenne ich mich? Habe ich mich in der Typologie neu erkannt? Jede Wahrnehmung, die ich da gemacht habe, ist ein Gewinn für mein persönliches und für mein berufliches Leben. Wir scheuen deshalb vor dem Weg der Selbstwahrnehmung zurück, weil dieser Prozeß oft unangenehm ist. Es ruft Schmerz hervor, wenn wir erkennen, daß das Bild, das wir von uns selbst gemacht haben, nicht wirklich mit uns übereinstimmt. Wer aber den Weg der persönlichen Reifung geht, hat bereits erfahren, daß der Schmerz nur vorübergehend ist. Es ist ein ›Heilungsschmerz‹, hier platzt nur eine Illusion. Schaden kann mir die Selbsterkenntnis nie!

Die Unternehmer-Verwalter-Typologie ist durch ihre starke Polarität so gestaltet, daß sie zur Selbstwahrnehmung provoziert. Weil es nur zwei Möglichkeiten gibt (im richtigen Leben gibt es natürlich viel mehr!), muß ich Stellung beziehen: Wie ist mein Umgang mit der Angst und so weiter?

Zu welchem Ergebnis sind Sie bisher im Ganzen gekommen? Versuchen Sie sich einzuordnen auf der folgenden Skala:

Verwalter ———————————————— **Unternehmer**

Falls Sie, liebe Leserin, lieber Leser, noch große Schwierigkeiten haben, sich hier einzuordnen, möchte ich Ihnen einige Tips geben, die Ihnen helfen können, sich eher dem einen oder dem anderen Typ zuzuordnen. Natürlich besteht das Glück und der Sinn des Lebens nicht darin, sich in irgendeine Typologie eingeordnet zu wissen. Aber es kann hilfreich sein, um ein Gefühl für den eigenen Charakter zu entwickeln.

Eine einfache Möglichkeit ist es, daß Sie nahestehende Personen fragen, wie sie Sie einordnen würden. Andere erkennen einen oft leichter als man sich selbst. Dann haben Sie eine Fremdwahrnehmung, die nicht unbedingt die volle Wahrheit sein muß, aber Sie haben zumindest einen Anhaltspunkt, wie man Sie sieht.

Gehen Sie bei der Einschätzung *nicht* von ihrem konkreten Beruf aus: Man kann sich da sehr täuschen. Man bekleidet einen typisch unternehmerischen Posten, übt diesen aber eher verwalterisch aus. Oder man ist ein Beamter in einer Behörde, ist dabei aber die eigentliche Produktivkraft der ganzen Abteilung. Mir scheint, daß es viele gibt, die eher ›Möchtegernunternehmer‹ sind als wirklich unternehmerische Menschen. Sie geben sich einen Anstrich, weil sie das ›zielorientierte Vokabular‹ beherrschen und das entsprechende Auftreten. In Wirklichkeit aber sind sie nur besonders geschickte Verwalter, die stets etwas schneller aufnehmen, was in der Luft liegt und gerade als neuer Trend daherkommt. Indem sie das aber schneller fertigbringen als andere, erwecken sie den Anschein, Neuland zu betreten, wirklich Neues aber, Eigenes, bringen sie nicht hervor.

Umgekehrt gibt es unzählige Verwalter, die sich zum Beispiel aufgrund ihres ausgeübten Berufes als solche fühlen, im Grunde aber unternehmerische Typen sind. Man erkennt sie nicht nur daran, daß sie ihren Bereich ständig erneuern und verbessern, sondern auch kreativ mit den Vorgaben ihrer Vorgesetzten umgehen. Auch sollten Sie sich bei der Selbsteinschätzung nicht von der Höhe Ihrer Stellung oder der Höhe ihres Gehaltes leiten lassen. Zwar haben wir den Verwalter als den dargestellt, der dient und gehorcht – das könnte zu dem Mißverständnis geführt haben, daß es sich bei Verwalter-Typen immer um die unteren Chargen handelt. Die Vorstandsvorsitzenden der größten und erfolgreichsten Unternehmen können Verwalter sein.

Um festzustellen, wohin ich eher gehöre – vielleicht sind Sie ja nach der bisherigen Lektüre eher verwirrt, oder halten gar die Eigenschaften für falsch kategorisiert – gilt, was im Umgang mit dem gilt, was die Psychologie den ›Schatten‹ nennt: Schauen Sie, welcher Typ Sie bei der Lektüre oder im richtigen Leben mehr nervt. Dieser Typ wird ihnen die Tür zu sich selbst öffnen. Nun gibt es da prinzipiell zwei Möglichkeiten: Entweder Sie sind selbst dieser Typ (was Sie natürlich zunächst nie zugeben würden). Sie fühlen sich genervt, weil Sie intuitiv spüren, daß er mit Ihnen irgendwie zu tun hat. Sie lassen es vielleicht nicht zu, daß Sie auch so sein könnten. Vielleicht weil Sie diesen Typus als prinzipiell minderwertig ansehen. Wenn das so ist, haben Sie viel Potential von diesem Typus, aber das kann und darf (noch) nicht frei leben. – Den anderen Weg, den Ihnen das Genervtsein durch einen Typ anzeigen kann, besteht darin, daß Ihnen dieser Teil wirklich fehlt, und es Ihnen eigentlich gut täte, wenn Sie etwas davon annehmen könnten. Ein wenig jedenfalls davon. Dann wäre es so, daß Sie dieser Typ im Grund nicht sind. Welche Variante auf Sie zutrifft, können nur Sie selbst herausfinden. Vielleicht braucht es etwas Zeit.

3. Wie ich der ›bessere‹ Typ werden kann

Es dürfte jedem unmittelbar einleuchten, daß beide Typen, der Unternehmer und der Verwalter, in jeder Gruppe gebraucht werden. Wenn niemand da ist, der die Zahlungseingänge beobachtet und verwaltet, wird der Betrieb trotz verkaufter Produkte nicht zu seinem Geld kommen. Wenn niemand da ist, der ein Produkt entwickelt und verkauft, das den Wünschen der Käufer gerecht wird, wird der Betrieb ebensowenig florieren. Aber ist nicht einer der Typen im Grunde doch der Wichtigere, um nicht zu sagen: der bessere? Der Unternehmer vielleicht?

Ich habe mich bemüht, Verwalter und Unternehmer in ihren hellen *und* in ihren dunklen Farben zu zeichnen. Tatsächlich bin ich nicht der Meinung, daß einer dieser Typen im Ernst ›der bessere‹ wäre, oder gar der beste. Oberflächlich gesehen hat in unserer Gesellschaft ›der Unternehmer‹ zwar das höhere Ansehen. Es gibt zahllose Bücher darüber, wie man ein Unternehmer werden kann, kaum welche, wie man ein guter Verwalter ist. ›Verwalten‹ hat eher einen negativen Beigeschmack. Im Verborgenen aber werden die Unternehmer eigentlich gehaßt.

Dem gegenüber möchte ich ganz andere Kriterien ins Spiel bringen. Das Ideal ist nicht etwa einer der beiden Typen, so daß wir jetzt alle so werden sollten, zum Beispiel unternehmerisch. Der bessere Typ ist meiner Auffassung nach erstens der, der *mir persönlich* mehr entspricht. Es ist der Typ, der meiner Weise, mich in Gruppen zu bewegen und darin zu agieren, am nächsten kommt und damit meine persönlichen

Potentiale am besten zur Entfaltung bringt. Ein Mitarbeiter, der seinen Begabungen gemäß am besten eingesetzt ist, ist der beste Mitarbeiter. Das zweite Kriterium bezieht sich auf die Gruppe: der bessere Typ ist jeweils der, der *der Gruppe zu ihrer jeweiligen Zeit nützlicher* oder dienlicher ist. Damit ist zugleich ein Kriterium mitgeliefert, wer wann in welche Gruppe am besten paßt.

Wie neutral man den beiden Typen eigentlich gegenüberstehen muß, macht ein kleines Experiment deutlich, das ich besonders für die Theologen anführen möchte. Setzt man als ›das höchste Produkt‹, als ›das Produkt aller Produkte‹ einmal *Gott,* dann könnte man sich fragen, was eigentlich besser ist: Gott zu verwalten oder Gott zu verkaufen? Bereits die Formulierung gibt hier die Antwort. Zu oft wurde Gott nur verwaltet, als könne man ihn wirklich ›haben‹ und ›festhalten‹. Zu oft allerdings wurde er auch ›verkauft‹ und somit ›verraten‹. Und doch haben Petrus und Paulus dieses getan und dabei *gemeinsam* viel Gutes bewirkt, in bestätigender und durchaus auch in korrigierender Weise.

In diesem Kapitel soll der Akzent auf der Frage liegen, wie ich mich persönlich als ein Typ am besten entwickeln kann. Wie ich also ›ein besserer Typ‹ werden kann. Ich gehe davon aus, daß Sie sich schon identifiziert haben. Sich einmal auf einen Typ festzulegen (es muß ja nicht für immer und ewig sein), ist insofern hilfreich, weil jeder Typ wiederum andere Weisen hat, sich zu entwickeln. Jedem fehlt ja auch etwas anderes. Und wiederum kann man an Petrus und Paulus studieren, wie man zu einem ganzen, reifen, in der Sprache der Bibel: ›heiligen‹ Menschen werden kann. Daß solche für eine Gruppe die besten sind, versteht sich von selbst.

Die Lösung für den Verwalter-Typ: »Ich bin fähig zum Verrat«

Petrus, der Loyale, hat es besonders schwer, erlöst zu werden. Er ist so loyal, daß er wie aus der Pistole geschossen Jesus als den bekennt, wie dieser selbst von ihm gesehen werden will. Das bringt Petrus seine besondere Stellung ein: Weil Du das gesagt hast – als erster, als einziger – wirst Du für mich der Fels sein. An dieser Stelle (Matthäus 16,18) steht das einzige Mal im Neuen Testament der Begriff ›ekklesia‹ (Kirche). An dieser Stelle beginnt sozusagen die Kette der Gruppen-Loyalität bis heute. Aber wie kann verhindert werden, daß aus so einer Kette eine ›Verkettung‹ wird?

Das Bekenntnis des Petrus sollte sein ganzes Leben prägen. Petrus bekommt den Namen »Fels« und ihm wird der Schlüssel überreicht. Unmittelbar darauf aber folgt die skandalöse Szene, die wir schon erzählt haben (siehe 12. Der Bodyguard). Anscheinend pflichtgemäß wehrt sich Petrus gegen Jesu Ankündigung seines Leidens und erntet das harte Wort »Weg mit dir, Satan, geh mir aus den Augen. (...) Denn Du hast nicht das im Sinn, was Gott will, sondern was die Menschen wollen.« (Matthäus 16,23) Das Wort trifft den loyalsten Freund – aber es ist erst der Anfang einer traurigen und doch zugleich heilsamen Geschichte, die der Wächter des Leibes Christi durchmachen muß.

Es ist kurz nach dem letzten Abendmahl, Jesus geht noch einmal zu seinem geliebten Garten Getsemani, um zu beten, als es ernst zu werden scheint mit der Leidensankündigung. Er sagt zu seinen Jüngern: »Ihr alle werdet in dieser Nacht an mir Anstoß nehmen und zu Fall kommen...« Als einziger reagiert Petrus auf diese Androhung: »Und wenn alle an dir

Anstoß nehmen – ich niemals!«(Matthäus 26,33) Hier ist er wieder, dieser liebenswürdige Petrus, der sich der Gefahr, in der sein Herr und er selbst sich befindet, in keiner Weise bewußt ist, und etwas einfältig und polternd seine Treue, seine Loyalität beteuert. In seinem Selbstbild kann er nicht anders als loyal sein. Wie sollte er an seinem Herrn Anstoß nehmen können? Das ist das Problem unerlöster Verwalter, sie können sich nicht gegen ihren Herrn stellen – glauben sie zumindest.

Jesus blickt weiter: »In dieser Nacht, noch ehe der Hahn kräht, wirst Du mich dreimal verleugnen.« Petrus gibt nicht nach: »Und wenn ich mit dir sterben müßte, ich werde dich nie verleugnen.« (Matthäus 26,34f)

Doch Petrus hat sich überschätzt. Als man den verhafteten Jesus zum Hohenpriester führt, folgt Petrus Jesus bereits nur noch »von weitem«. Er hält sich bei den Dienern im Hof auf. Und beim ersten Mal, als er auf Jesus angesprochen wird, verleugnet er ihn. Er leugnet sogar ein zweites Mal und ein drittes Mal, seinen Herrn überhaupt zu kennen! Das war der Super-Gau des Felsen Petrus. Als es geschehen ist, begreift er sofort, was er getan hat, der Hahn kräht und er weint bitterlich. Die Kirche singt in einem Petrus-Hymnus »Der Fels der Kirche, Petrus, weint«. Kontrastreicher könnte das Bild nicht sein: das massive Mannsbild, die Grundfeste der Jüngergemeinschaft, wankt nicht nur, es ›zerfließt‹. Hier hat die schmerzhafte Wandlung stattgefunden, die Erlösung für Petrus. Denn jetzt weiß er, daß auch er fähig ist zum Verrat. Das er nicht der unangefochtene Loyalist ist, sondern ein Mensch, der eben doch auch eigene Interessen hat, die er zur gegebenen Zeit ins Spiel bringen will oder ins Spiel bringen muß.

Hier zeigt sich endlich, wenn auch spät und schwach, Profil. Das ist ein Weg für die Entwicklung und Reifung des Verwalter-Typs. Der Verwalter, der weiß, daß er unloyal sein kann, wird ein menschlicher und wirklich guter Verwalter werden. Nur der, der weiß: »Ich bin fähig zum Verrat«, kann wirkliche Zugehörigkeit leisten. Denn in ihm erwacht die Frage: »Ich bin zugehörig, ja, aber zu wem gehöre ich auch noch?« Er ist jetzt wirklich frei, auch frei zu der Frage: »Zu wem gehöre ich vielleicht noch mehr?« Ein extremes Beispiel dazu: Der Offizier der Wehrmacht Graf von Stauffenberg ringt zusammen mit den anderen Widerstandskämpfern des 20. Juli Jahre lang mit der Frage, ob man den Tyrannenmord an Hitler wirklich begehen darf. Denn Stauffenberg hat den militärischen Eid abgelegt, und in seiner Loyalität kann er sich im Grunde nicht vorstellen, daß er fähig ist zum Verrat. So setzt die Gruppe den Anschlag erst sehr spät um – zu spät.

Einige Fragen sollen den Verwalter-Typen unter Ihnen helfen, ein Stück weiter zu kommen:
- Versuchen Sie die Freiheit zu genießen, die darin steckt, einmal nicht zugehörig zu sein.
- Suchen Sie auch einmal bewußt Gruppen auf, zu denen Sie nicht gehören, und beobachten Sie, wie aus der Distanz heraus, wie die anderen sich zugehörig fühlen. Werten Sie dabei die anderen nicht ab, sondern denken Sie voller Dankbarkeit an die Gruppe, zu der Sie selbst gehören.
- Überlegen Sie einmal, in welchen Punkten Sie ihren Vorgesetzten, der Organisation oder Gruppe, für die Sie da sind, nicht folgen würden. Überlegen Sie sich Extrem-Fälle. Versuchen Sie dabei zu entdecken, daß Sie ihre

Würde als Mensch nicht verlieren würden, wenn Sie gegen die Gruppe oder anders handeln würden.

- Gehen Sie Ihren Alltag in der Gruppe durch und überlegen Sie, wo Sie still mehr Ihren eigenen Zielen als denen der Gruppe folgen, wo Sie also im Grunde, und wenn auch im Kleinen, schon Verrat begehen. Überlegen Sie, warum Sie das tun, ohne es gleich abzuwerten.

- Drücken Sie Ihre Dankbarkeit, daß Sie dazugehören dürfen, immer wieder einmal gegenüber anderen Mitgliedern der Gruppe aus, vielleicht zunächst weniger gegenüber Vorgesetzten.

- Überlegen Sie, wann es Ihrer Gruppe schon einmal genützt hat, daß Sie eine offene Auseinandersetzung riskiert haben.

- Feiern Sie die Jahre Ihrer Zugehörigkeit, unabhängig davon, ob in der Gruppe dieses Jubiläum gefeiert wird oder nicht.

- Versuchen Sie Menschen, die ihre Gruppe verraten haben, zuinnerst zu vergeben, daß sie sich anders entschieden haben.

Die Lösung für den Unternehmer-Typ: »Alles ist Gnade«

Auch Unternehmer-Typen haben es nicht leicht, mit sich zufrieden zu sein. Sie sind Macher, und obwohl sie doch immer machen, werden sie nur selten wirklich ganz zufrieden. Nur selten kommen sie so ans Ziel, daß auch sie persönlich einmal dabei zur Ruhe kommen. Was kann ihnen helfen?

Für Paulus bietet sich die Lösung sozusagen schlagartig an, und zwar gleich zu Beginn seiner ›christlichen Karriere‹.

Diese Lösung wird zum Inhalt seiner Karriere. Der Handwerker, der Rabbi, der römische Bürger, der Christenverfolger – ihm ›passiert‹ auf einmal etwas, für das er selbst gar nichts kann. Der, der alles kann und in allem den Durchblick hat, der stürzt vor Damaskus und wird blind. Im Kapitel »Der Visionär« haben wir von dem Ereignis gehört. Paulus wird klar, was er später nicht mehr müde wird, immer und immer wieder zu betonen: daß alles Gnade ist. Allein im Römerbrief erscheint 129mal sein Lieblingswort ›Gnade‹. Im Korintherbrief heißt es: »Durch Gottes Gnade bin ich, was ich bin, und sein gnädiges Handeln an mir ist nicht ohne Wirkung geblieben. Mehr als sie alle habe ich mich abgemüht – nicht ich, sondern die Gnade Gottes zusammen mit mir.« (1. Korintherbrief 15,10). Jetzt weiß er: Dazugewinnen geht nur auf der Basis der Gnade Gottes, nur im Zusammenspiel der menschlichen Kraft mit der göttlichen Kraft. Anders gesagt: Dieser Mensch voller Unrast kann zum ersten Mal durchatmen und wissen: Gott handelt an mir – und das bleibt nicht ohne Wirkung (denn auf Wirkung ist der Unternehmer unbedingt aus!). »Ich« – das war der unerlöste Paulus, der unerlöste und planlose, weil aktivistische Unternehmer; jetzt aber: »Nicht ich – sondern Gott zusammen mit mir«.

Heute spricht man nicht mehr von ›Gnade‹; das Wort ist altmodisch geworden. Man spricht heute von ›Zufall‹ oder von ›Glück‹. Jeder Unternehmer bekommt die Chance, einmal zu der Erkenntnis zu gelangen, daß vieles von seinem Erfolg Zufall oder Glück ist. Er bemerkt dann, daß Dazugewinnen nicht nur machbar, sondern immer auch geschenkt ist. Er wird zum ersten Mal *dankbar*. Dieses Gefühl lehrt ihn auch den Respekt vor den Menschen, die für ihn arbeiten oder mit denen er handelt.

Nach dem Fall vor Damaskus ist Paulus gelassener geworden. Das heißt nicht, daß er nun weniger energisch ist. Vom Blick der ›Gnade‹ aus aber sortiert sich für ihn, was wirklich erstrebens- und gewinnenswert ist und was nicht. »Was mir früher ein Gewinn war«, schreibt er an die Philipper, »das habe ich um des Christus willen als Verlust angesehen«. (Philipperbrief 3,7) Der Unternehmer hat gelernt: Dazugewinnen ist nicht um des Dazugewinnens willen da. Es kommt darauf an, *was* ich dazugewinne, ob es sich wirklich, auch in einem tieferen Sinn, lohnt. Jetzt muß er nicht mehr ›rennen‹, ›eilen‹ genügt ihm. Er weiß, daß ein schneller Wechsel zwar Neues, aber nicht unbedingt Besseres bringt. Jetzt erst erwacht in ihm die Frage:»Und wofür das alles?« Damit tritt er in Beziehung – und hat eine Qualität des Verwalters in sich aufgenommen.

Fragen zur Selbstbesinnung des Unternehmers-Typs:

- Können Sie Mißerfolg zulassen, im sicheren Vertrauen, daß auch über diesen Weg wieder neuer Erfolg entstehen kann? Der ›erlöste‹ Unternehmer weiß: Sowohl Erfolg als auch Mißerfolg führen weiter.

- Können Sie Ihren Erfolg genießen und auskosten? Nehmen Sie sich genug Zeit zum Feiern, bei dem im Vordergrund steht, daß Sie sich, Ihren Mitarbeiterinnen und Mitarbeitern und Gott dankbar sind für das, was Sie gemeinsam erreicht haben? Der Weg dahin: Lassen Sie den ›Zwang‹ ruhig zu, gleich wieder Neues gewinnen zu müssen: Es ist Ihre Gabe, die sich da meldet.

- Können Sie eine Beziehung zu Ihrer Einsamkeit entwik- keln? Gelingt es Ihnen manchmal, beim für Ihre Arbeit notwendigen Alleine-sein nicht mehr einsam zu sein, son- dern dabei mit sich selbst und Ihrem Projekt und Gott in Kontakt zu sein?
- Bleiben Sie einmal für längere Zeit an einem Ort und neh- men Sie wahr, daß sich selbst dann etwas bewegt, wenn Sie sich persönlich nicht bewegen. Was stets in Bewegung ist, ist Ihr Atem, den Sie vollkommen gratis bekommen. Machen Sie zum Beispiel einmal »Kloster-auf-Zeit«, um Atem zu holen.
- Schauen Sie von Zeit zu Zeit in den Spiegel und lernen Sie so, sich selbst Ansehen zu geben. Dann müssen Sie es nicht mehr durch Ihre beeindruckenden Taten von ande- ren erzwingen. Wenn Sie wollen, stellen Sie sich vor, daß Gott Sie ansieht – immer, mit wohlwollenden Augen, und ganz unabhängig von Ihrer Leistung.
- Stellen Sie sich vor, daß Gott, seine Gnade, Ihnen andau- ernd zur Hilfe kommt, ganz ungeschuldet, einfach so, weil er Sie gern hat.

* * *

Es lohnt sich, an sich selbst zu arbeiten. Jeder Typ muß dabei an seiner Stelle ansetzen. Dem Verwalter sagt es nichts wirk- lich Neues, wenn er für sich betont »alles ist Gnade«, weil er den Schutz und die Tragfähigkeit seiner Institution ohnehin erfährt. Und dem Unternehmer bringt es nichts Neues, wenn er weiß, daß er Gruppen ›verraten‹ kann; er fühlt sich ohne- hin unabhängig innerhalb und außerhalb von Gruppen. Im

Endeffekt aber laufen beide Typen auf eine Mitte hinaus, gewissermaßen aufeinander zu. Indem ich an mir arbeite, werde ich offen für den anderen Typ, nehme ein wenig von ihm in mir auf. Und wenn ich Teile des anderen Typs in meinem Leben integriere, werde ich als mein Typ ein noch besserer Typ.

Der Verwalter, der auch unternehmerisch handeln kann, ist der bessere Verwalter. Der Unternehmer, der auch verwalten kann, ist der bessere Unternehmer. Das belegt zum Beispiel folgende Beobachtung: Oft entwickeln weitreichende ›unternehmerische‹ Entscheidungen nicht ihre Kraft, weil sie nicht wirklich unternehmerisch sind. Die Folge dieser Entscheidungen ist eher eine größere Verkomplizierung und Bürokratisierung, Verwalter werden belastet, das Unternehmen kommt nicht voran. Zu jeder guten unternehmerischen Entscheidung gehört es immanent, daß sie verwalterisch leicht und sinnvoll daherkommt. Der Unternehmer darf also nicht auf die Verwalter abwälzen, was er selbst nicht zustande bringt. Insofern muß er etwas vom Verwalter ›integriert‹ haben.

Diese Typologie möchte, daß Sie auf der Basis Ihrer Möglichkeiten Ihre Persönlichkeit weiterentwickeln können. Es geht nicht darum, ein anderer Typ zu werden, sondern darum, ein ›besserer Typ‹ zu werden. Haben Sie verwalterische Fähigkeiten – dann bauen Sie diese aus! Werden Sie besser darin, damit Sie damit Karriere machen! Und Sie werden der Gruppe, in der Sie sind, um so mehr nützlich sein. Haben Sie unternehmerische Fähigkeiten – dann bauen Sie sie aus! Werden Sie ein noch besserer Unternehmer! Machen Sie Karriere damit – und gleichzeitig werden Sie der Gruppe, dem Betrieb und so weiter, in dem Sie sind, um so nützlicher sein.

Haben Sie verwalterische und unternehmerische Fähigkeiten, dann bauen Sie sie aus! Beginnen Sie da, wo es Ihnen scheint, daß es Sie persönlich am ehesten weiterbringen wird. Jesus von Nazareth formuliert einmal ein spannendes Gleichnis. Es ist für unsere Thematik insofern interessant, als er darin zugleich vom Verwalten und von unternehmerischem Handeln spricht. Böse Zungen bezeichnen es als das ›Kapitalistenevangelium‹, weil darin von einer Bank und Zinsen die Rede ist und gegen Ende formuliert wird, was einst Karl Marx dem Kapitalismus als dessen inhumanes Prinzip vorgeworfen hat: »Wer hat, dem wird gegeben, wer nichts hat, dem wird auch noch weggenommen, was er hat...«. Aber hören wir selbst, wie Jesus sich Verwaltung vorstellt:

»Es ist wie mit einem Mann, der auf Reisen ging: Er rief seine Diener und vertraute ihnen sein Vermögen an. Dem einen gab er fünf Talente Silbergeld, einem anderen zwei, wieder einem anderen eines, jedem nach seinen Fähigkeiten. Dann reiste er ab. Sofort begann der Diener, der fünf Talente erhalten hatte, mit ihnen zu wirtschaften, und er gewann noch fünf dazu. Ebenso gewann der, der zwei erhalten hatte, noch zwei dazu. Der aber, der das eine Talent erhalten hatte, ging und grub ein Loch in die Erde und versteckte das Geld seines Herrn. Nach langer Zeit kehrte der Herr zurück, um von den Dienern Rechenschaft zu verlangen. Da kam der, der die fünf Talente erhalten hatte, brachte fünf weitere und sagte: Herr, fünf Talente hast du mir gegeben; sieh her, ich habe noch fünf dazugewonnen. Sein Herr sagte zu ihm: Sehr gut, du bist ein tüchtiger und treuer Diener. Du bist im Kleinen ein treuer Verwalter gewesen, ich will dir eine große Aufgabe übertragen. Komm, nimm teil an der Freude deines Herrn! Dann kam der Diener, der zwei Talente erhalten hatte, und sagte: Herr, du hast mir zwei Talente gegeben; sieh her, ich habe noch zwei dazugewonnen. Sein Herr sagte zu ihm: Sehr gut, du bist ein tüchtiger und treuer Diener. Du bist im Kleinen ein treuer Verwalter gewesen, ich will dir eine große Aufgabe übertragen. Komm, nimm teil an der Freude deines Herrn! Zuletzt kam auch der Diener, der das eine Talent erhalten hatte, und sagte: Herr, ich wußte, daß du ein strenger Mann bist; du erntest, wo du nicht gesät hast, und sammelst, wo du nicht ausgestreut hast; weil ich Angst hatte, habe ich dein Geld in der Erde versteckt. Hier hast du es wieder. Sein Herr antwortete ihm: Du bist ein schlechter und fauler Diener! Du hast doch gewußt, daß ich ernte, wo ich nicht gesät habe, und sammle, wo ich nicht ausgestreut habe. Hättest du mein Geld wenigstens auf die Bank gebracht, dann hätte ich es bei meiner Rückkehr mit Zinsen zurückerhalten. Darum nehmt ihm das Talent weg und gebt es dem, der die zehn Talente hat! Denn wer hat, dem wird gegeben, und er wird im Überfluß haben; wer aber nicht hat, dem wird auch noch weggenommen, was er hat. Werft den nichtsnutzigen Diener hinaus in die äußerste Finsternis! Dort wird er heulen und mit den Zähnen knirschen.« (Matthäus 25,14–30)

Jesus erzählt Typisches vom Verwalter: vom Dienstherrn, vom Auftrag, vom ›Nicht-da-sein‹ und von der Angst. Bemerkenswert ist, wie streng der Dienstherr ist; in gewisser Weise hat sich der dritte Verwalter zurecht gefürchtet. Doch Jesus macht den Hintergrund dieser Strenge offenbar: Verwalter betreuen nicht ihr eigenes, sondern fremdes Gut! Was sie zu verwalten haben, gehört ihnen nicht etwa selbst, sondern ist ihnen geliehen. Deswegen steht es auch nicht in ihrem Belieben, was sie damit tun, bzw. besser: wie sie damit umgehen.

Bemerkenswert ist auch: Jesus verbindet die Verwaltungstätigkeit mit dem Gedanken des ›Dazugewinnens‹. Für ihn besteht verwalten geradezu im Dazugewinnen. Wer verwaltet, darf nicht die Hände in den Schoß legen, sonst ist er ein fauler und schlechter Verwalter. Wenn man das Evangelium aus der unternehmerischen Perspektive liest, sieht man, daß das Dazugewinnen wiederum in einen größeren Auftrag, in eine größere Verantwortlichkeit eingebettet ist und sein muß.

Es ist vielleicht kein Zufall, daß ausgerechnet diese Worte Jesu den Typ des Verwalters und den Typ des Unternehmers zusammenführen und quasi in eins sehen. Jesus ist ja gleichzeitig das Vorbild für Petrus und für Paulus, dem beide nachgefolgt sind auf je ihre eigene Weise. Ein Mitbruder fragte mich einmal: Ist Jesus selbst eigentlich ein Verwalter oder eher ein Unternehmer? Ich sträubte mich lange, dieser Frage nachzugehen, so als wollte ich sie gar nicht beantwortet haben. Ich befürchtete, daß mit einer eindeutig ausfallenden Antwort eventuell eine Wertung zugunsten einer der beiden Typen gegeben wäre, dem ein ›göttlicher Rang‹ zukäme, weil sie ja vom Gott-Menschen Christus stammt. Auf welcher Seite aber stand Jesus eher? Was meinen Sie selbst? Wer konnte Jesus für sich eher zum Vorbild nehmen: Petrus oder Paulus? Einen Verwalter oder einen Unternehmer?

Auf der einen Seite kann man sich Jesus kaum als Verwalter vorstellen. Wenn er ›locker‹ über die jüdische Vorschrift hinweggeht und auch am Sabbat Menschen heilt. (Vgl. Matthäus 12,9–14) Wenn er gegen das religiöse Establishment seiner Zeit wettert, die Pharisäer und Schriftgelehrten, die das religiöse Erbe verwalteten: »Ihr Schriftgelehrten und Pharisäer, ihr

Heuchler, ihr haltet Becher und Schüsseln außen sauber, innen aber sind sie voll von dem, was ihr in Eurer Maßlosigkeit zusammengeraubt habt. Ihr seid wie die Gräber, die außen weiß angestrichen sind und schön aussehen; innen aber sind sie voll Knochen, Schmutz und Verwesung.« (Matthäus 23,28) Gleichzeitig aber betont er: »Bis Himmel und Erde vergehen, wird auch nicht der kleinste Buchstabe des Gesetzes vergehen, bevor nicht alles geschehen ist.« (Matthäus 5,18) Jesus ist kein Verwalter des jüdischen Gesetzes, und dennoch fühlt er sich zum Judentum voll zugehörig. Er ist Jude, er stammt von Juden, er vollzieht religiöse Handlungen selbstverständlich wie jeder Jude. Man könnte es vielleicht so sagen: Zugehörigkeit ist ihm ein wichtiges Thema. Aber diese wurzelt in einer höheren Zugehörigkeit, die jede menschliche Zugehörigkeit übersteigt. Das häufigste Zugehören und Zuhören gilt dem, den er seinen Vater nennt. Ihm ist er wirklich ganz gehorsam, sogar wenn er seinen Tod fordert – »er war gehorsam bis zum Tod, bis zum Tod am Kreuz«, sagt Paulus bewundernd. (Philipperbrief 2,8)

Ähnliches beobachten wir bei seinen familiären Beziehungen. Schnell fühlt er sich über die Familie hinausgezogen, als Pubertierender macht er sich auf einer Wallfahrt nach Jerusalem aus dem Staub (Lukas 2,41–52); später will er noch nicht einmal etwas von seiner Mutter und seinen Verwandten wissen (vgl. Matthäus 12,46ff). Gleichzeitig ist er doch auch ein Mensch mit großem Gemeinschaftssinn. Er zieht sich nicht völlig von den Menschen zurück wie der Prophet Johannes der Täufer, der mit großer Wahrscheinlichkeit sein Lehrer und Meister gewesen war. Johannes hatte in der Wüste gelebt und seine Lehre ausschließlich von der Zukunft her definiert.

Dieser Zukunft hatte man sich total zu unterwerfen, daher war eine radikale Umkehr nötig. Jesus dagegen mischt sich unter die Menschen und hat Kontakt mit Unbekehrten und selbst mit solchen, die ihre Zukunft längst abgeschrieben hatten. Er hat keine Berührungsängste. Im Gegenteil: Er sammelt Menschen um sich, und wie bei Petrus sind fast immer Menschen um ihn herum. Er ißt, er trinkt, er feiert. Er ruft einen Kreis von Aposteln um sich: er lebt gern in einer Gruppe!

Manchmal erscheint Jesus sogar in extremer Weise als Mensch der Gruppenzugehörigkeit. Zum Beispiel als er einmal, quasi im Urlaub, ans Meer nach Syro-Phönizien kommt und eine nicht-jüdische Frau ihn anbettelt, er möge doch ihren Jungen heilen. Jesus lehnt ab mit der Begründung: »Ich bin nur zu den verlorenen Schafen des Hauses Israel gesandt. Es ist nicht recht, das Brot den Kindern wegzunehmen und den Hunden vorzuwerfen!« (Matthäus 15,24–27) Aus der Stelle können wir schließen, daß Jesus sich zunächst nur zu seinen Heimatleuten gesandt fühlte, für die ›Heiden‹ fühlte er sich nicht ›zuständig‹. Die Mutter mußte ihn erst trickreich ›herumkriegen‹, so ›borniert nationalistisch‹ kommt uns Jesus hier entgegen: »Aber selbst die Hunde bekommen von den Brotresten, die vom Tisch ihrer Herren fallen.« Von diesen Worten der Mutter ist Jesus so beeindruckt, daß er ihrer Bitte nachkommt und den Jungen heilt.

Auf der anderen Seite: Nach wohl 30 eher unspektakulären Jahren beginnt Jesus auf einmal, seine Seßhaftigkeit aufzugeben und zieht durch das Land: »Der Menschensohn hat keinen Ort, wohin er sein Haupt legen kann.« (Matthäus 8,20) Etwas treibt ihn voran. Er predigt – er weiß seine Botschaft ›zu verkaufen‹ –, und er heilt. Er heilt Menschen in einem

Ausmaß, als müßte er möglichst bald alle wirklich heil gemacht haben. Hier ist sein Wille nach ›Zugewinn‹ spürbar: nach Zugewinn an ›Heilung‹ und ›Heil‹. In seinen Endzeitreden wird eindrücklich deutlich, daß er sich von der Zukunft her motiviert fühlt. (Vgl. Matthäus 24) Wie kann man schließlich sein Leiden und seinen Tod einordnen? Im Tod bricht er mit aller Zugehörigkeit zu den Menschen, denen er sich bisher zugewandt hat. Er wird – so scheint es zunächst – seinem Projekt, seiner Mission untreu: Wie viele Menschen hätte er noch heilen können, bis er vielleicht 70 Jahre alt geworden wäre? Er verletzt mit seinem freiwillig akzeptierten Tod auch seine Zugehörigkeit zu den Aposteln. Er läßt seine Schafe, die er selbst gesammelt hat, im Stich, er nimmt in Kauf, daß sie sich zerstreuen! Vielleicht wird gerade hier deutlich, daß seine tiefere bzw. höhere Loyalität alle Formen irdischer Zugehörigkeit übersteigt. Der Vater im Himmel, das war sein eigentlicher Vater; nur ihm hatte er zu gehorchen, sonst niemandem. Aber es wird auch deutlich, daß er in seinem Leben alles auf Zugewinn gesetzt hatte. Wie sonst könnte man verstehen, was er alles aufgab und auf sich nahm. So viel opfert jemand nur – wenn er nicht gerade krank ist oder unzurechnungsfähig –, wenn er sich damit einen größeren Gewinn verspricht. Oder wie er es selbst einmal formuliert: »Wer sein Leben verliert, wird es gewinnen.« (Matthäus 10,39)

Dieses Vorbild könnte gut für uns sein – egal welche Stellung wir persönlich zu Jesus Christus haben. Es lehrt uns: Es muß noch etwas geben, was über menschlicher Loyalität steht. Die Verpflichtung unserem eigenen Gewissen gegenüber – oder besser dem gegenüber, der, oder was, darin zum Ausdruck kommt. »Verlaßt euch nicht auf Fürsten, bei denen es doch keine Hilfe gibt«, sagt Psalm 146 (3). Es ist aber auch in der anderen Perspektive gut für uns: Für welches Projekt opfere ich meine Kraft? Was lohnt sich so sehr, daß ich mich ihm ganz verschreiben kann?

Es scheint, daß im Leben Jesu von Nazareth durchaus beide Charakterzüge wiederzufinden sind. Ihn auf die eine oder andere Seite zu ziehen, gelingt kaum. Zur »Fülle des Lebens« gehört auch für ihn, alle möglichen Handlungsweisen leben zu können, immer ausgehend von dem, was die Situation, in die ich gestellt bin, jeweils gerade verlangt.

In diesem Zusammenhang sei noch die Vermutung erwähnt, daß sich die Akzente unternehmerischen oder verwalterischen Handelns im Laufe eines Lebens sicher verschieben können. Je nach Lebensphase lebt man einmal den einen, einmal den anderen Typ aus. Grundsätzlich jedoch kann man sagen, daß in jüngeren Jahren eher der Unternehmer gefragt ist. In dieser Zeit gilt es, die Welt für sich »zu erobern« und zu gestalten. Je älter man wird – das hängt auch mit der geringer werdenden Bewegungsfähigkeit und der von alleine anwachsenden Zugehörigkeitsdauer zusammen – je älter man also wird, desto stärker kommt der Verwalter durch. Denn dann geht es eher darum, Erreichtes zu erhalten und weiterzugeben.

4. Der Blick fürs Ganze

Lange war unser Blick bisher auf uns selbst gerichtet. Das ist gut so. Wenn ich mit mir selbst zufrieden bin, bin ich auch in der Gruppe zufrieden – in welcher Funktion auch immer, in welcher Gruppe auch immer. Meine persönliche Verfassung hat eine Ausstrahlung auf die anderen in der Gruppe. Natürlich spüren sie auch, wenn ich unzufrieden bin.

Auf der anderen Seite konzentriert man sich heute viel zu sehr nur auf das Eigene und das Individuelle. Der Blick für die Gruppe als solche, der Blick für das Ganze, ist verlorengegangen. Das kann freilich bereits eine Folge schlechter Leitung sein: Wenn dort niemand wirklich auf das Ganze und damit auf *alle einzelnen* achtet, dann muß man sich als einzelner halt um sich selbst kümmern...

Tief im Menschen steckt, so glaube ich, die Fähigkeit, mit der Gruppe zu fühlen, für sie zu leben. Die Kirchen haben dafür den Begriff »sentire cum ecclesia« (Fühlen mit der Kirche) geprägt und viel Erfahrung gesammelt, wie es gelingt und wie es mißlingt.

Wer mit seiner Gruppe fühlen will, fragt sich: Wie kann die Gruppe als Ganze ›zufrieden‹ sein? Wie wird sie ihrer Aufgabe am besten gerecht? Wie kann in ihr die Energie optimal fließen? Was erhält sie lebendig? Und welche Typen braucht sie dafür an welcher Stelle und zu welcher Zeit?

Jede Gruppe gibt auf diese Fragen andere Antworten. Prinzipiell gibt es nicht nur verschiedene Typen in den Gruppen, sondern auch verschiedene Typen *von* Gruppen, die je wieder unterschiedliche Rollen, Rituale und Leitungsmodelle

ausbilden. Der Begründer der Soziologie, Max Weber (1864–
1920), hat bei seinen Untersuchungen das Augenmerk besonders auf die Frage gerichtet, unter welchen Bedingungen
ein Leitender in einer Gruppe Gefolgschaft finden kann.

In der »charismatischen Herrschaftsform« geben sich Mitglieder einer Gruppe mit ihrem ganzen Affekt einer charismatischen Persönlichkeit hin, einem Propheten, einem Kriegs-
helden oder einem Demagogen. Diese charismatische
Persönlichkeit hat besondere Gnadengaben; sie hat Offenba-
rungen erlangt, sie hat die Macht des Geistes und die Macht
der Rede. Der charismatisch Leitende kann solange Gefolgschaft erwarten, solange seine Charismen wirken, solange er
›von Gott gegebene‹ Erfolge und Wunder vorweisen kann.
Lassen ›die Wunder‹ nach, sinkt sein Einfluß dahin. Als Beispiele führt Max Weber Perikles, Jesus und Napoleon an.

Völlig anders ist die Gruppe strukturiert, die nach Weber
von einer »legalen Herrschaftsform« bestimmt ist. Ihr rein-
ster Typus findet sich in der sogenannten »bürokratischen
Herrschaft«. Die »bürokratische Herrschaft« hat als Grundlage die formal korrekt gefaßte Satzung. Hier ist Herrschen
gleich Verwalten. Als Beispiele nennt Weber Staat, Gemeinde und den kapitalistischen Betrieb (!).

In der »traditionellen Herrschaft« schließlich, deren rein-
ster Typ die »patriarchalische Herrschaft« ist, ist die Grundlage der Gefolgschaft der Glaube an die Heiligkeit der von jeher
vorhandenen Ordnungen. Man folgt hier aus ›Pietät‹. Max
Weber nennt hier die Familie und die Sippe.

Die Unternehmer-Verwalter-Typologie weist natürlich
Verwandtschaften mit diesen Weberschen Gruppentypen auf.
Der Unternehmer ist am ehesten dem Charismatiker zuzu-

ordnen, der Verwalter am ehesten der legalen und auch der traditionellen Herrschaft. Man kann sich also fragen: Von welcher Art ist die Gruppe, in der ich mich befinde? Ist sie eher »charismatisch« verfaßt? Wenn eine Gruppe einem ›charismatischen Führer‹ folgt, zum Beispiel ein Pfarrgemeinderat einem charismatischen Pfarrer, dann haben es alle, die den Mann nicht so bewundern, schwer, denn auch die bürokratischen Elemente, die etwas Sicherheit und Neutralität geben könnten, die Korrektheit eines Protokolls zum Beispiel, werden dann dem Charisma untergeordnet. Herrscht wiederum das bürokratische Element vor, werden es die schwer haben, die von Ideen sprühen, welche aber nicht in der Tagesordnung vorgesehen sind. In einem Familienbetrieb sind ganz andere Kräfte am Wirken als in einem Betrieb, in dem ausschließlich das Betriebsverfassungsgesetz gilt. Dagegen zu rebellieren, hat keinen Sinn. Es gilt, was auch für die Wahrnehmung des einzelnen Menschen gilt: die nüchterne Erkenntnis allein hilft weiter.

Jede Gruppe hat ihre Zielsetzung. Oft bestimmt sich von ihr her die innere Verfaßtheit der Gruppe. Eine missionarische Ordensgemeinschaft zum Beispiel kann sich nicht auf verwalterische Tätigkeiten zurückziehen. Ihr Auftrag ist es, Menschen zu gewinnen. So muß sie von ihrer Struktur her das Unternehmerische fördern, das verwalterische Element wird der Nachhaltigkeit und Pflege des Gewonnenen dienen. Anders ist es in einem kontemplativen Kloster, für das das einfache ›Dasein‹ die Hauptaufgabe ist. Ob Greenpeace oder die Gewerkschaften, die Bahn oder die Ärzte ohne Grenzen – jede Gruppe muß sich so strukturieren, daß sie ihrem Auftrag gerecht werden kann.

Neben der Aufgabe spielt für die Verteilung von verwalterischen bzw. unternehmerischen Kräften in einer Gruppe eine ganz besondere Rolle, in welcher Phase sie sich gerade befindet. Auch Gruppen unterliegen wie einzelne Menschen verschiedenen Lebensphasen, sie machen einen Lebenszyklus durch. Die Gruppe wird eines Tages ›geboren‹, sie entsteht. Sie wächst – wenn alles gut geht – und gedeiht. Sie erreicht ihren Höhepunkt. Sie stabilisiert sich. Sie verläßt ihren Höhepunkt und beginnt mit ihrem Untergehen. Sie endet und stirbt. Allen Gruppen und Gemeinschaften geht es so. Selbst wenn sie auf dem Papier unsterblich scheinen, bleibt ihnen diese Dynamik nicht erspart.

Die Phase entscheidet über die Zusammensetzung von Unternehmertypen und Verwaltertypen in einer Gruppe. Die Gründungsphase braucht Unternehmer. Gründer sind immer ›Unternehmer‹. Wie sollte ein Verwalter einen Vorgang bearbeiten, wo noch gar nichts ›vorausgegangen‹ ist? Am Anfang braucht eine Gruppe so viele Unternehmer wie möglich. Ein Verwalter hätte dort gar nichts zu tun, weil es noch keine Ablage gibt. Wenn sich alles positiv entwickelt, der Überschuß an Kreativität zu greifen beginnt, kommt die Phase, in der Verwalter gebraucht werden. Es kann sein, daß nicht alle Unternehmer bleiben werden, für einige verlaufen die Entwicklungen nicht mehr in ihrem Sinn. Wer von Anfang an dabei war, wird ein wichtiger Verwalter. Es folgt nämlich die Phase der Stabilisierung, die sich nur einstellen kann, wenn genügend Bezug zum Anfang da ist. Die darauf folgende Höhepunktsphase ist ganz von Verwaltern geprägt. Jetzt wird verwaltet, das heißt weitergeführt und erhalten, was entstanden und gewachsen ist. Es wird geerntet, was gesät wurde.

Ganz ohne Unternehmer geht es hier natürlich auch nicht. Wer auf der gleichen Höhe bleiben will, bedarf ständiger Erneuerung. Für die Abstiegsphase und das Sterben der Gruppe sind Verwalter gefragt, aber ebenso Unternehmer, die eine Vision vorgeben, warum dieses Absterben jetzt sinnvoll und gut ist, was nämlich dabei wiederum gewonnen werden kann. Der Insolvenzverwalter ist im Grunde ein Unternehmer, der das Beste herausholt, wenn klar ist, daß das Unternehmen in dieser Weise nicht überleben wird.

Die Zusammensetzung der Stellen und Rollen und auch die Besetzung der Leitungspositionen einer Gruppe werden sich nach diesen Phasen richten. Ein blühendes Unternehmen braucht an der Spitze nicht unbedingt einen Unternehmer. Wenn er allerdings der Gründer war und jetzt persönlich die verwalterische Phase mitmachen kann, ist das optimal. Unternehmer sind auch noch in zwei anderen Gruppensituationen gefragt, nämlich in schweren Krisen der Gruppe oder bei grundlegenden Reformen oder Erneuerungen. Es gibt eine bestimmte Spezies von Fußballtrainern, die in diesem Sinn ›Unternehmer‹ sind. Sie sind ›Feuerwehr-Trainer‹. Felix Magath ist so einer. Solche Trainer werden immer dann von Vereinen angefragt, wenn kurz zuvor ein großes Desaster oder Erfolglosigkeit über den Verein gekommen sind. Sie fühlen sich in diesen Situationen am wohlsten und können so auch am besten arbeiten. Sie brauchen die Herausforderung. Es wäre nichts für sie, über lange Zeit einen mittelmäßigen Verein zu leiten. Aber aus einem abstiegsbedrohten einen mittelmäßigen zu machen, das wäre bereits eine Aufgabe.

Die Übereinstimmungen, die zwischen dem Individuum und einer Gruppe herrschen, sind schon früh erkannt worden. Sie sind bereits – wer hätte es gedacht? – bei Paulus entwikkelt. Der Mann hat genug Gruppen erlebt. Er hat Gemeinden gegründet. Er ist auf bestehende Gruppen gestoßen. Er hat von ihnen profitiert und unter ihnen gelitten. Mit seiner Schwäche, sich nicht ›dazugehörig‹ zu fühlen, nicht genügend ›Ansehen‹ zu haben, hat er ein besonderes Feingefühl entwickelt für die Prozesse und Zusammenhänge einer Gruppe. Und er hat sie reflektiert und die Ergebnisse an die Gemeinde von Korinth geschrieben, die Gemeinde, die sich in verschiedene Parteiungen zerstritten hatte: »Ich gehöre zu Paulus, ich zu Kephas (Petrus)« (1. Korintherbrief 1,12), zitiert er Gemeindemitglieder und läßt dabei gleichzeitig durchscheinen, daß die Demarkationslinie dieser Parteiungen ausgerechnet entlang unserer beiden Protagonisten Petrus und Paulus verlief. Aber Paulus will keine Zerteilung. Er macht es ganz eindeutig:

»Wenn der Fuß sagt: Ich bin keine Hand, ich gehöre nicht zum Leib!, so gehört er doch zum Leib. Und wenn das Ohr sagt: Ich bin kein Auge, ich gehöre nicht zum Leib!, so gehört es doch zum Leib. Wenn der ganze Leib nur Auge wäre, wo bliebe dann das Gehör? (...) Nun aber hat Gott jedes einzelne Glied so in den Leib eingefügt, wie es seiner Absicht entsprach. Wären alle zusammen nur ein Glied, wo bliebe da der Leib? So aber gibt es viele Glieder und doch nur einen Leib. Das Auge kann nicht zur Hand sagen: Ich bin nicht auf dich angewiesen. Der Kopf kann nicht zu den Füßen sagen: Ich brauche euch nicht. Im Gegenteil: Gerade die schwächer scheinenden Glieder des Leibes sind unentbehrlich. (...) Gott aber hat den Leib so zusammengefügt, daß er dem geringsten Glied mehr Ehre zukommen ließ, damit im Leib kein Zwiespalt entstehe, sondern alle Glieder einträchtig füreinander sorgen. Wenn darum ein Glied leidet, leiden alle mit; wenn ein Glied geehrt wird, freuen sich alle anderen mit ihm. Ihr aber seid der Leib Christi und jeder Einzelne ist ein Glied an ihm.« (1. Korintherbrief 12,15–27)

Paulus ruft der Gemeinde zu: »Seht auf das Ganze!« Das wäre auch für heutige Gruppen ein perfektes Motto: »Verliert nicht den Blick fürs Ganze!« Paulus ist in der Lage, »systemisch« zu denken, wie man heute sagen würde. Er weiß: Jeder Mensch in der Gruppe hat eine Wirkung auf die anderen. Freude, Leid, alles teilt man in einer Gruppe, weil man in einer gemeinsamen ›Körperschaft‹ ist – ob man will oder nicht. »Wenn ein Glied leidet, leiden alle mit.« Wenn dem nicht so wäre, würden wir die Misere der Gruppen heutzutage gar nicht wahrnehmen können.

Bei Paulus aber findet sich eine Besonderheit: Zugehörigkeit wird nicht durch einzelne Glieder bestimmt. Ein Glied kann nicht zum anderen sagen: Du gehörst nicht dazu! Zugehörigkeit ergibt sich aus »dem einen Leib«. Das ist natürlich ein schwieriges Wort. Denn: Wer ist der eine Leib? Paulus hat darauf eine Antwort: Christus. Angenommen, Sie, liebe Leserin, lieber Leser, können damit etwas anfangen, so bleibt dennoch die Frage: Und wer ist Christus, und wie ist er jetzt in dieser konkreten Gruppe?

Prinzipiell sehe ich es als äußerst gefährlich an, von dem eigenen *Wesen* einer Gruppe oder Gemeinschaft zu sprechen. Für einen Betrieb zum Beispiel wäre es auch völlig übertrieben. Und trotzdem zieht es Menschen dorthin, sonst würden sie den Gruppen nicht Namen und Bezeichnungen geben,

Abzeichen, Fahnen und Lieder. Aber es ist auch gute alte christliche Tradition, daß das Individuum immer die ethische Priorität vor der Gemeinschaft hat. Jesus Christus hat Menschen erlöst und nicht die Menschheit. Indem er aber die Menschen erlöst hat, hat er die Menschheit erlöst.

Die Kernfrage lautet: Wer bestimmt, wer in einer Gruppe ›wir‹ ist? Wer legt fest, wer oder was das Wesen der Gemeinschaft ist: die Leitung? Oder die Mehrheit der Mitglieder? Der Pöbel? Der Gruppenphilosoph? Der Sprecher? Der wirtschaftliche Leiter der Gruppe, der auf die menschlichen Notwendigkeiten reagiert? Die Randpersönlichkeiten gar? Wer das ›Wesen‹ benennt, der droht es für sich (und damit alle Glieder) zu vereinnahmen, und auf einmal muß am deutschen Wesen die Welt genesen...

So hat Paulus die Einheit des Leibes, die Einheit der Gruppe nicht verstanden. Er sagt: »Seht aufs Ganze«, aber er schiebt einen Riegel vor, wenn eine Gruppe sich auf Kosten einzelner definieren will. Zum einen ist für ihn der eine Leib mehr als ein Glied, und sei es das anerkannteste. Zum anderen ist der eine Leib mehr als die Summe der Glieder. Der Leib ist im Gegenteil die Quelle der Einheit der Glieder. Indem er den Leib mit »Christus« identifiziert, ihm also den Namen »eines anderen Menschen« gibt, entzieht er ihn der Verfügbarkeit einzelner Glieder. Das wird besonders deutlich, wenn er schreibt: »Gott hat jedes Glied so in den Leib eingefügt, wie es seiner Absicht entsprach.« Ich weiß nicht, wie es Ihnen bei so einem Satz geht. Könnten Sie sagen, daß das Zueinander der Mitglieder Ihrer Gruppe gottgegeben bzw. gottgewollt ist?

Man muß diesen Satz spirituell deuten, und das heißt hier existentiell: Ich könnte einmal innehalten, auf die Gruppe blicken und mir dabei sagen: »Es ist gut so, wie es ist. Zunächst einmal wird es einen Sinn haben, daß die da sind, die da sind; und daß sie so sind, wie sie sind.« Das wäre eine moderne Übertragung von ›gottgewollt‹. ›Gottgewollt‹ könnte auch heißen: In dieser Gruppe ist das Potential für die Zukunft. Es sollte nicht heißen, daß man nicht ins Gespräch kommen und sich auseinandersetzen müßte. Es heißt auch nicht, daß man nichts verändern dürfte. Schon gar nicht, daß es keine kräftige Leitung geben darf. Für die Leitung bedeutet der Gedanke der ›Gottgebenheit‹ der Gruppe schließlich auch eine Entlastung!

Daß der Leib *einer* ist und dem Zugriff der einzelnen Glieder entzogen, garantiert, daß jedes einzelne Glied den Auftrag hat, ganz es selbst, also eines, eins mit sich selbst zu sein. Nur wenn das Auge Auge ist und nicht Fuß, kann es dem Leib als Ganzen dienen. Die Einheit des Leibes befreit die einzelnen Glieder in ihre jeweilige Einheit und Freiheit. In einer gelungenen Gruppe kommt jeder zu sich selbst. Und es wird zweitrangig, wer in der Gruppe entscheidet – entscheidend ist, daß jeder er selbst wird. Dann ›lebt‹ die Gruppe am besten.

Schließlich betont Paulus, daß die Glieder aufeinander angewiesen sind. Diese Erkenntnis ist dem Tausendsassa bestimmt nicht leicht gefallen. Gerade in diesem Punkt kann er dem heutigen, doch eher ›gemeinschaftsunbeholfenen‹ Menschen ein Vorbild sein: Durch die Illusion hindurchzublikken, man könne alles selbst; sich in seiner Angewiesenheit auf andere Menschen wahrzunehmen.

Das Bild von der Gruppe als Körper ist ein komplexes Bild. Und es scheint vielleicht, als verkompliziere es die ohnehin schwierigen Vorgänge in einer Gruppe. Wer aber hat gesagt, daß Gruppenprozesse simpel sind? Was in unserem eigenen Körper abläuft, ist ja ebenso hochkomplex, aber welch wunderbaren Dinge sind möglich, wenn alles gut zusammenspielt?

Betrachtet man das Ende des Lebens von Petrus und Paulus, die traditionell die »Apostelfürsten« genannt werden, so relativiert sich für sie der Begriff der ›Karriere‹. Beide sterben eines gewaltsamen Todes. Petrus wird kopfüber gekreuzigt – und ›steigert‹ damit, was Jesus bei seinem Tod begonnen hat! Paulus wird ebenfalls hingerichtet – durch das Schwert! Beide sterben in Rom. Der gemeinsame Todesort ist ein historischer Grund dafür, daß sie später als ›Paar‹ gesehen und verehrt werden. Die gemeinsame Todesart bekommt symbolische Bedeutung, denn so unterschiedlich sie in ihrem Leben anscheinend waren, werden sie sich im Tod doch ähnlicher als man gedacht hatte. Sie ahmen damit beide denselben Herrn nach, für den sie ihr Leben gelebt haben. Den Nachfolgern muß das wie ein Beweis erschienen sein, daß die so gänzlich unterschiedlichen Rollen, die die Apostelfürsten für die Kirche wahrnahmen, doch absolut gleichwertig und ebenbürtig waren. Am Ende kommt sozusagen keiner besser weg. Beide kehren zur Asche zurück.

Jeder Leitende kommt sich einmal als Märtyrer vor, wenn er unter seiner Gruppe leidet. Das ist sicher übertrieben, wenngleich Jammern zeitweise das Herz erleichtert. Richtig aber ist, daß es wohl bei der guten Sorge um eine Gruppe – egal ob als Bewahrer oder als Motor – irgendwie keinen ›Sieg‹ geben kann. Man gibt so oder so etwas von sich selbst auf und investiert es in die Gruppe. Man kann es im Grunde nur im Glauben daran tun, daß durch dieses Opfer ein größeres Leben möglich werden kann. Eigenartig, daß ehrgeizige Menschen und solche, die Erfolg haben wollen, auch gerne Leitungspositionen innehaben möchten. Denn das sind sicher die Positionen, wo die Hinfälligkeit des eigenen Tuns am deutlichsten wird.

Im Grab also wenigstens ist Frieden zwischen Petrus und Paulus, sind der Verwalter und der Unternehmer versöhnt. Doch haben sie sich nicht bereits im Leben gebraucht? Sind nicht auch sie wie Glieder an einem einzigen Leib aufeinander angewiesen gewesen? Haben sie nicht erst *zusammen* ›das Ganze‹ verkörpert? Diese Einsicht ist besonders für Unternehmer-Typen schwer, weil sie an ihrem Selbständigkeitsdrang ›kratzt‹. Verwalter wußten schon immer, daß man aufeinander angewiesen ist. Sie würden sich höchstens an der Aussicht stören, daß man sie auf dem Grabstein mit dem Unternehmer völlig gleichrangig behandelt. Sie würden schon gern als erster darauf stehen!

Aber einmal in Ruhe und Frieden in das eigene Herz geschaut, wird jedem der beiden Typen klar werden, daß sie sich wirklich brauchen. Dieses Brauchen meint keine Abhängigkeit im Sinn einer übertriebenen Harmonie. Unternehmer werden die Verwalter immer stören und umgekehrt. Aber beide brauchen es auch, daß sie sich stören. Oder besser: die Gemeinschaft, der sie angehören oder die sie leiten, braucht es, damit sie gesund und menschlich bleiben kann.

Wenn Verwalter und Unternehmer spüren, wie sie sich – ob in der Harmonie oder im Streit – brauchen, dann entsteht eine sehr fruchtbare Dynamik, für die dieses Buch ein Plädoyer sein will. Gute Unternehmer brauchen gute Verwalter. Je cleverer und besser ein Unternehmer ist, desto schneller entwikkelt sich sein Gemeinwesen, und um so ›fitter‹ wiederum müssen die Verwalter sein, die die Nachhaltigkeit des Erreichten zu sichern versuchen. Und es ist nicht nur so, daß der gute Unternehmer gute Verwalter braucht (und schon gar nicht am besten keine, wie ein Vorurteil von Unternehmern lautet). Eine gut arbeitende Verwaltung kann einen leichten Druck auf die unternehmerischen Tätigkeiten ausüben. Wenn alles perfekt systematisiert und organisiert ist, dann ruft diese gute Verwaltung ›nach mehr‹, sonst läuft sie irgendwie leer. Das habe ich selbst oft erleben können. Gute Verwalter brauchen gute Unternehmer. Es ist furchtbar frustrierend, wenn trotz der guten Verwaltung für das Ganze im Endeffekt nichts Vorzeigbares herauskommt. Das schwächt auch das Zugehörigkeitsgefühl der Verwalter. Man will als guter Verwalter zu einem erfolgreichen Unternehmer dazugehören, da will man dabei sein (man muß dann ja auch keine Angst um die eigene Zugehörigkeit haben ...).

Je besser der Verwalter, desto besser der Unternehmer, und je besser der Unternehmer, desto besser der Verwalter. Diese Erkenntnis erlaubte mir den polarisierenden Stil in diesem Buch: Es geht nicht um Einebnung der Begabungen, sondern um ihre um so deutlichere Herausschälung.

V. Was heute not tut

Ich hoffe, daß Sie, liebe Leserin, lieber Leser, jetzt klarer sehen für die Gruppen und Gemeinschaften, in denen Sie leben oder arbeiten. Trauen Sie Ihren Intuitionen, die neu gewonnene Klarheit in die Praxis umzusetzen!

Was bleibt, ist unser gemeinsames gesellschaftliches Problem, die Lethargie, von der ich ganz am Anfang sprach, die Staat und Gesellschaft bei uns lähmen. Gruppen sind ja immer in Gruppen, die je größere hat Einfluß auf die kleinere und umgekehrt. Kommunen, Länder und Staat beeinflussen sich gegenseitig positiv oder negativ, ebenso Abteilungen, Unternehmen und Konzerne, Gemeinden, Diözese und Weltkirche und so weiter. Deshalb genügt es nicht mehr, nur vor der eigenen Haustür zu kehren. Selbst wenn ich mein Haus gut in Schuß habe, können die Probleme der verwandten Häuser mir schaden oder mich gar überwältigen.

Natürlich ist es besonders schwer zu sagen, was heute in unserer Gesellschaft als Ganzer gut täte. So viel aber kann man sagen: Wenn sich nichts mehr bewegt, dann ist das die Stunde der Unternehmer-Typen. Sie sind diejenigen, die am besten für Bewegung sorgen können. Wenn sie ab- und auswandern, wird es für unsere Gesellschaft immer schwieriger.

Meinem Gefühl nach haben wir Deutschen ein besonderes Talent für Verwaltung. Wir, die Erfinder der Deutschen Industrienorm, sind wirklich gut im perfekten Verwalten, weil wir eher bodenständig und verwachsen sind. Die Italiener zum Beispiel mit ihrem ›bißchen‹ Land und dem großen Meer um sich herum, das zum Fortfahren reizt, sind eher unternehmerisch veranlagt. Nach dem zweiten Weltkrieg bestand die einmalige Chance in unserer Gesellschaft, wieder bei ›Null‹ anfangen zu können. Es war die Stunde der Unternehmer, die völlig ungehindert loslegen konnten. Alles wurde gebraucht. Die Verwaltungen wuchsen im gleichen rapiden Maße, und es war ein gutes Gleichgewicht da. In den ersten 50 Jahren unserer Republik war ein hoher sozialer Konsens in unserer Gesellschaft. Eine starke, zufriedene Mittelschicht konnte spielend eine kleine Unterschicht und eine kleine Oberschicht integrieren. Das fein ausgefädelte politische System, die Verfassung, die soziale Marktwirtschaft stabilisierten das Land und dynamisierten es zugleich, so daß wir zu einer führenden Wirtschaftsnation mit einer nahezu perfekten Demokratie aufstiegen.

Dann allerdings veränderten sich die ›Zugehörigkeiten‹ in dramatischer Weise. In der Wiedervereinigung kamen zwei Staatengebilde zusammen, die sich nicht nur wirtschaftlich, sondern auch von der Mentalität her völlig unterschiedlich entwickelt hatten. Mit der Öffnung der Mauer veränderten sich auch die Koordinaten Europas grundlegend. Inzwischen ›gehört‹ Deutschland viel mehr zu Europa als noch vor 20 Jahren. In Zukunft werden noch andere Staaten dazugehören, von Polen bis zur Türkei. All das kann Deutschland nicht unberührt lassen. Die größte Veränderung der ›Zugehörigkeiten‹ aber kommt von der Globalisierung her. Immer mehr begreifen die Menschen weltweit, daß sie in Zukunft zu einer Menschheitsfamilie gehören. Das bringt nicht nur Einigkeit und neues Verantwortungsgefühl mit sich, sondern auch neue Konkurrenz. Wer wird in Zukunft das Sagen auf der Welt haben? Den ›Unternehmern‹ schadet die Globalisierung am wenigsten, da sie unabhängig von der Zugehörigkeit quasi ›über die Bande‹ spielen können. Es sind also tatsächlich schwere Zeiten für ›Verwalter‹, denn sie befinden sich in Konkurrenzsituationen, mit denen sie zuvor noch nie konfrontiert waren.

Ein Unternehmensberater hat mich einmal auf folgendes Problem aufmerksam gemacht: Da Verwalter sehr lange in Unternehmen sind, wissen sie (fast) alles. Sie wissen auch, was nicht korrekt gelaufen ist. Oft werden sie dann im Unternehmen gehalten, weil sie ›Mitwisser‹ sind und es besser ist, wenn sie draußen nichts ausplaudern können. Wenn viele Mitwisser im Leitungsbereich sind, entsteht ›Filz‹. Jetzt kann sich nichts mehr bewegen, selbst wenn es völlig unvernünftig ist, was im Unternehmen geschieht.

Was in Deutschland der ›Filz‹ ist, ist in Italien oder Rußland die »Mafia«. Man sieht, wie gefährlich so eine Entwicklung werden kann. In Deutschland läuft vielleicht vieles noch formal ›korrekt‹, die Etikette stimmen noch, aber im Grunde haben die Strukturen bereits ›mafiösen‹ Charakter.

Blicken wir noch einmal nach Antiochien im Jahre 49 nach Christus. Wenn Paulus nicht dem Petrus offen gegenübergetreten wäre, was wäre geschehen? Wenn die Christus-Bewegung sich nicht geöffnet hätte für die Nicht-Juden, was wäre aus ihr geworden? Sie wäre eine kleine jüdische Sekte geblieben!

Mir scheint wichtig, daß die über weite Teile hoch verantwortliche Arbeit der Verbände und Vereinigungen, also all derer, die bislang für Nachhaltigkeit gesorgt haben, gewürdigt wird. Es war gut, was in den letzten 50 Jahren der Bundesrepublik Deutschland gewachsen ist. Aber es muß sich verändern, sonst geht gerade das verloren, was man erreicht hat. Auf der einen Seite braucht Deutschland für diese Veränderungen anscheinend eine längere Zeit als andere Staaten, was vielleicht mit unserer Mentalität zusammenhängt; darin aber besteht die Chance, daß das Ergebnis auch dauerhafter ist. Petrus hat eine Weile gebraucht, bis er den schwierigen Traum deuten konnte, der es ihm erlaubte, auch Nicht-Juden zu taufen. (Apostelgeschichte 10–11) Auf der anderen Seite sind Reformen absolut notwendig, wie das Beispiel des Rentensystems zeigt. Das Rentenversicherungssystem soll die Nachhaltigkeit des Lebens der Generationen sichern und regeln. Genau diese aber steht jetzt auf dem Spiel, wenn nicht Veränderungen und Reformen kommen. Jetzt sollten die Verwalter einfach mal den Unternehmern vertrauen! Sie könnten ihre eigene unternehmerische Seite entdecken!

Die Verwalter brauchen keine Angst zu haben, daß sie nicht mehr gebraucht würden. Gerade jetzt im Übergang ist es ihre Aufgabe, den Sinn der Veränderungen allen mitzuteilen. Sie sind ja die Beziehungsmenschen. Die Unternehmer-Typen dagegen müssen endlich ihre Visionen umsetzen. Sie dürfen sich nicht mehr vornehm zurückhalten oder frustriert zurückziehen.

Schnelle Schnitte tun viel weniger weh, als wenn der Arzt lange über dem Patienten mit dem Messer herumfuchtelt und überlegt, wo er denn ansetzen soll, und dabei immer wieder verspricht, es werde nicht weh tun und so weiter. Auf jeden Fall genügen nicht mehr nur kosmetische Eingriffe. Dem Institutionensterben der letzten Jahre ist man ja gern durch zwei Strategien begegnet: Man hat fusioniert (so zum Beispiel bei Verdi oder dem Kirchentag) und sich vernetzt. Dem Mitgliederschwund ist man damit nicht wirklich entgegengetreten. Oder man hat sich eine neue Corporate Identity gegeben, die meist nicht mehr war als ein Corporate Design. Schade um die vielen wirklich schönen Logos, die in den Grafikstudios entstanden sind, die aber die Gruppen, für die sie gemacht wurden, nicht lange überlebt haben.

In den Zeiten des Umbruchs tendieren die Menschen zur Kleingruppe. Die Familie wird wichtig. Denn in der Familie ist die verläßlichste aller Zugehörigkeiten erfahrbar durch die gemeinsame Abstammung. Sie erscheint wie ein Refugium, dem man noch trauen kann. Dabei entstehen allerdings hohe Erwartungen an die Familienangehörigen, die sie zum Teil kaum erfüllen können, zumal viele Familien durch Trennungen zersplittert oder nur Kleinstfamilien sind. Auch die Familien brauchen funktionierende übergeordnete Systeme und Gruppen, in denen sie gedeihen können.

Viele schauen in diesen Tagen auch mit neuem Interesse auf die Kirchen. Auch von ihr erwarten sie, was sie in der Gesellschaft nur noch wenig erleben: Nachhaltigkeit, Konsistenz, Verläßlichkeit. Tatsächlich hat die Kirche wie kaum eine andere Gruppe Know-How und Übung im Umgang mit Tradition *und* Innovation. Allerdings sind die beschriebenen

Erwartungen für die Kirche insofern problematisch, als sie damit gerade die konservativen Kräfte in ihr stärken. Daß aber auch die Kirche in Deutschland Erneuerung braucht, zeigt der Rückgang ihrer Mitgliederzahlen. In der bereits erwähnten Allensbach-Studie (vgl. Kapitel 6: »Der eine Mission hat«) meinen die befragten Katholiken, die Hoffnungsträger der Zukunft seien nicht die Kirchen, sondern – man höre und staune – die Unternehmer! Also auch in der Kirche ist das paulinische Element gefragt. Das Verwalten des seelsorglichen Notstands bis zum bitteren Ende wird kaum im Sinne Christi sein. Am meisten unternehmerisch eingestellt sind in der Kirche übrigens die Klöster. Sie sind selbständig und unabhängig. Viele von ihnen können sich vor Besuchern kaum retten. Eine Responsequote von 0,5 %, was die Klostereintritte angeht, würde uns genügen.

Wie kann nun wieder Frieden werden zwischen Verwaltern und Unternehmern? Wie kann ein echter und tiefer Konsens entstehen? Für den Konsens sollten sich besonders die Verwalter-Typen verantwortlich fühlen. Den Weg dorthin könnten die Unternehmer-Typen zeigen. Denn die Grenze für eine gute Zukunft läuft nicht zwischen Unternehmern auf der einen und Verwaltern auf der anderen Seite. Dieser Einsicht wollte das Buch dienen. Sie läuft zwischen schlechten Verwaltern und schlechten Unternehmern auf der einen und guten Verwaltern und guten Unternehmern auf der anderen Seite. Innovation und Nachhaltigkeit entstehen nur gleichzeitig. Wenn gute Verwalter und gute Unternehmer zusammentreffen, dann entsteht wirklich etwas Gutes. Auch dafür gibt es gottlob in unserer Gesellschaft viele Beispiele.

Literatur

Amt und Charisma, Heft 57/1 von »Lebendiges Zeugnis«, Paderborn 2002.

Jürgen Becker, Paulus. Apostel der Völker, Tübingen 1989.

Franz S. Berger/Harald Gleissner, Das Paulusprinzip. Die erfolgreichste Marketingstrategie der Weltgeschichte, München/ Düsseldorf 1998.

Klaus Berger, Paulus, München 2002.

Die Regel des heiligen Benedikt, hg. im Auftrag der Salzburger Äbtekonferenz, 6. Auflage der Neubearbeitung 39.–46. Tausend, Beuron 1990.

Joachim Gnilka, Paulus von Tarsus. Apostel und Zeuge, Freiburg 1996.

Anselm Grün, Menschen führen – Leben wecken. Anregungen aus der Regel des hl. Benedikt, Münsterschwarzach, 4. Auflage 2003.

Reinhard Mohn, Menschlichkeit gewinnt. Eine Strategie für Fortschritt und Führungsfähigkeit, München 2001.

Laurence J. Peter, Das Peter-Prinzip. Oder Die Hierarchie der Unfähigen, Reinbeck, 2. Auflage 2002.

Fritz Riemann, Grundformen der Angst. Eine tiefenpsychologische Studie, München, 35. Auflage 2003.

Richard Rohr/Andreas Ebert, Das Enneagramm. Die neun Gesichter der Seele, München 1999.

Monika Schuch (Hg.), Denker und Macher. Deutsche Wirtschaftsgrößen im Porträt, München 2002.

Carsten Peter Thiede, Der Petrus-Report. Der Felsen der Kirche in neuem Licht, Augsburg 2002.

Trendmonitor »Religiöse Kommunikation 2003«. Bericht über eine repräsentative Umfrage unter Katholiken zur medialen und personalen Kommunikation, durchgeführt im Auftrag der Mediendienstleistung GmbH vom Institut für Demoskopie Allensbach.

Matthias Varga von Kibéd/Insa Sparrer, Ganz im Gegenteil. Für Querdenker und solche, die es werden wollen. Tetralemmaarbeit und andere Grundformen Systemischer Strukturaufstellungen, Heidelberg, 3. Auflage 2002.

Max Weber, Die drei reinen Typen der legitimen Herrschaft. In: Gesammelte Aufsätze zur Wissenschaftslehre, Tübingen, 6. Auflage 1985 (ursprüngl. 1922), S. 475–488. Siehe auch: Ders., Wirtschaft und Gesellschaft. Grundriß der verstehenden Soziologie.

Lothar Wehr, Petrus und Paulus. Kontrahenten und Partner, Münster 1996.

David Wenham, Paulus. Jünger Jesu oder Begründer des Christentums? Paderborn 1999.

Ich danke Erzabt Jeremias Schröder und dem ehemaligen Think-Tank für die Anregungen, besonders das Schlüsselwort ›dazugewinnen‹, ich danke Amos, Jonathan und Meinrad für die brüderliche Ermunterung, ich danke Herrn Martin Wilbs für die wertvollen Fachhinweise, ich danke meinen Verlagsmitarbeitern und -mitarbeiterinnen, besonders Herrn Andreas Wagner und Frau Candida Kestel für das ›Nicht-Locker-Lassen‹, und ganz besonders danke ich Dr. Peter Modler.

Mauritius Wilde

Der spirituelle Weg
Die Entwicklung des Benedikt von Nursia

Broschiert, 100 Seiten
ISBN 3-87868-630-7

»Freedom is just another word for nothing left to lose.« (Janis Joplin)
Benedikt von Nursia ist einer der bedeutendsten spirituellen Meister
in der Geschichte des Christentums. Sein Leben ist der Inbegriff einer
gelungenen menschlichen Entwicklung: Die Loslösung von den
Eltern, die Emanzipation von der Gesellschaft und der eigenen
Glaubens-gemeinschaft, sein Umgang mit Sexualität und Macht: mit
all diesen Herausfor-derungen des Lebens ist er auf faszinierende
Weise umgegangen.

Vier-Türme-Verlag
97359 Münsterschwarzach Abtei
Telefon 0 93 24 / 20-292 Telefax 0 93 24 / 20-495
Bestellmail: info@vier-tuerme.de
www.vier-tuerme.de

Wunibald Müller

Gönne dich dir selbst

Von der Kunst, sich gut zu sein

Gebunden, 100 Seiten
ISBN 3-87868-274-3

»Gönne dich dir selbst!« fordert Wunibald Müller alle auf, die über
der Sorge um ihre Arbeit und um andere sich selbst vergessen. Wie
finden wir die richtige Balance zwischen Liebe und Arbeit? Wie
bleiben wir mit unserer Seele in Berührung? Mit welchen positiven
Ritualen können wir unseren Tagesablauf gestalten?
Dieses Buch lehrt die Kunst, sich selbst gut zu sein.

Vier-Türme-Verlag

97359 Münsterschwarzach Abtei
Telefon 0 93 24 / 20-292 Telefax 0 93 24 / 20-495
Bestellmail: info@vier-tuerme.de
www.vier-tuerme.de

Menschen führen – Leben wecken
Das Hörbuch

60 Minuten Spielzeit
Erhältlich als CD und als MC
CD: ISBN 3-87868-978-0
MC: ISBN 3-87868-981-0

In dieser eigens für das Hörbuch geschriebenen Fassung führt
Anselm Grün in die wichtigsten Eigenschaften des Verantwortlichen
und in das Wesen des Führens ein.
Für alle, die die Gedanken des Buches noch einmal auf der Fahrt im
Auto oder in einer entspannten Stunde vertiefen wollen.
Ein ideales Geschenk für Menschen, die Verantwortung tragen – sei
es als Manager, Lehrer, Eltern …
Sprecher: Anselm Grün.
Mit Musik des Gitarrrenduos *Agua y Vino*.

Der Buchbestseller

Anselm Grün
Menschen führen – Leben wecken
Anregungen aus der Regel Benedikts von Nursia

Gebunden mit Schutzumschlag, 144 Seiten
ISBN 3-87868-132-1

Vier-Türme-Verlag
97359 Münsterschwarzach Abtei
Telefon 0 93 24 / 20-292 Telefax 0 93 24 / 20-495
Bestellmail: info@vier-tuerme.de
www.vier-tuerme.de